'기氣'를 느끼고 '운運'의 세계로 들어가는 수행법

숨쉬는 법 02

김구연 지음

우주 안의 모든 존재가 어떻게 살아야 하며,
어떤 끝을 맺을 것인가에 대한 의미있는 암시를 담다

대광서림

숨 쉬는 법 02

발행일 | 2025년 12월 22일 개정판 1쇄 인쇄
저 자 | 김구연
발행인 | 김구연
발행처 | 대광서림주식회사
주 소 | 서울특별시 광진구 아차산로 375, 513호
전 화 | 02) 455-7818
등 록 | 제1972-000002호
ISBN | 978-89-384-5209-2 03150
정 가 | 13,000원

본 저작물은 무로로 제공되는 네이버의 나눔글꼴, 서울시의 한강체 남산체, 오드아틀리에의 ZEN SERIF 서체를 사용하였습니다. 글꼴 제공자의 너그러운 배려에 감사드립니다.

머리말

결국 모든 것은 '기氣'의 문제로 귀결된다

지금 우리가 살고 있는 이 세상을 어떻게 살아갈 것인가. 과연 이 세상에는 어떤 희망이 있을까. 국가는 국가대로 사회는 사회대로 인간은 또 개인마다 다양한 문제에 둘러싸여 힘들어하고 있다.

필자는 이 시대에 그동안 제대로 알려지지 않았던 동양의 정신세계를 소개하려 한다. 이제 사람들은 눈에 보이는 것 외에는 믿으려 하지 않는다. 그런 사람들에게 보이지 않는 세계에 대하여 설명한다는 것은 무척 어려운 일이다.

하나 예를 들어보자. 사람은 누구나 '생각'을 한다. 그것을 모르는 사람은 없다. 그러나 '생각'이라는 것이 무엇이고 또 어떻게 그런 현상이 나타나는 것인지 알려주는 사람은 없다.

프랑스의 철학자 데카르트(René Descartes, 1596~1650)는 '나는 생각한다. 고로 나는 존재한다(cogito, ergo sum)'라는 명제를 통하여 서양의 과학적 사고가 시작되는 발판을 만들었다.

그러나 그 역시 '내가 생각한다는 것', 그 합리적인 생각, 즉 이성적 사고를 통해 모든 논리의 출발점을 삼으려 했다는 것이지 그의 책 어디에도 자신이 어떻게 생각을 할 수 있는지 밝히고 있지는 않다.

'생각'은 보이지 않는 것이다. 자신의 머릿속에서 흘러가는 그 생각을 어떤 도구도, 어떤 측정장치로도 찾아낼 수 없다. 왜냐하면 그것은 '기(氣)'의 작용이기 때문이다. 그것을 다른 말로 '정신(精神) 작용'이라고 한다. 우리가 흔히 쓰는 '민족정신', '동양정신', '정신 차려라'라고 할 때의 바로 그 정신이다. 이것은 원래 동양의 전통 속에서 철학적인 의미로 출발한 단어이지만 그 수많은 세월을 거치면서 일반 명사가 되어 그저 생각을 표현하는 단어의 일종이 되어버렸다. 그러나 원래는 인간의 신체에서 일어나는 '정(精)' 작용과 '신(神)' 작용을 합쳐서 부르는 용어이다.

'신(神)'이란 사람이 아침에 잠에서 깨어 의식을 차리고 활동을 시작함에 따라 단전(丹田)에 모여있던 '기(氣)'가 온몸에서 발휘되는 과정을 말하는 것이고, '정(精)'이란 사람이 활동을 멈추고 잠을 통해, 온몸으로 퍼져나갔던 '기(氣)'를 다시 단전으로 수렴하는 과정을 말하는 것이다.

언뜻 듣기에는, 인간의 생각이란 의식이 있을 때만 가능한 일이니, 생각이란 것은 '신' 작용만을 의미하는 것이 아닌가 생각하기 쉽지만 '정' 작용이 없는 '신' 작용이란 일어날 수가 없기에 둘을 합쳐 '정신' 작용이라 부르는 것이다.

이것을 어떻게 증명할 수 있을까. 보이지 않는 것을 보이게 할 수는 없다. 앞서도 말했듯이 생각을 어떤 물리적인 도구로 측정할 수는 없다. 그러면 증명할 방법이 없다는 말인가. 아니다. 아주 쉽고도 간단한 방법이 있다. 바로 '기(氣)'를 느낄 수 있으면 된다. '기'를 느낄 수 있으면 내 몸에서 움직이는 '기'도 느낄 수 있고 이 세상에, 이 대자연 속에, 이 우주에 흐르는 '기'도 느낄 수 있다.

'기'를 느낄 수 있으면 단지 인간의 '생각'뿐 아니라 그동안 신비롭게만 여겨왔던 '영혼', 혹은 '귀신'의 문제도 더욱 근본적인 관점에서 바라볼 수 있게 된다.

그러면 어떻게 '기'를 느낄 수 있을까.

명상冥想, 수행修行, 참선參禪

예전부터 서양에서 '명상'이 유행이라는 말이 들려왔다. 지금도

‘템플스테이’라고 해서 내국인, 외국인들이 절에 가서 참선 체험을 하고 있다. 그런데 명상, 수행, 참선은 왜 하는 걸까. 혹자는 이를 통해 마음의 평화, 심신의 안정을 얻을 수 있다고 한다.

그러면 왜 그런 현상이 생기는 것일까. 왜 가만히 눈감고 앉아서 자연스럽게 호흡하면 마음의 안정을 느낄 수 있는 것인가. 명상, 수행, 참선을 권장하는 경우는 많아도 왜 그것이 사람에게 이로운지 어떻게 그런 일이 일어날 수 있는지 설명해 주는 사람은 없다. 그저 신비로운 현상일 뿐인 것인가.

이런 사실은 현재 사람들의 동양 사상에 대한 지식이 얼마나 빈 껍데기인가를 보여주는 하나의 예일 뿐이다.

동양에는 ‘운기학(運氣學)’이란 것이 있다. 운기(運氣)에 대한 학문이라는 뜻이다. 이것은 수천 년 동안 쌓여 온 오래된 학문이고 솔직히 매우 어려운 학문이다. 왜 어렵냐면 이것은 ‘기(氣)’에 대하여 가르치는 것이기 때문이다.

‘운(運)’이란 단어는 우리가 ‘운이 좋다’, ‘운수대통’, ‘운빨이 최고다’ 할 때 바로 그 ‘운’이고 ‘기(氣)’라는 단어 역시 앞에서 설명했듯 인간의 몸에 흐르는 기운을 말하는 것이고, 우리가 일상에서 ‘기 빨린다’, ‘기 받는다’, ‘기가 막히다’, ‘끼가 많다.’ 등 한국인이라면 너무도 익숙한 수많은 단어에 담겨있는 바로 그 말이기도 하다.

'운'과 '기'는 처음에 그렇게 이름 지어졌을 때는 분명 다른 의미를 담고 있는 단어였지만 수천 년이 흐르는 과정에서 일상 용어가 되어 버리고 쓰임새가 뒤죽박죽되어 '운'이라고 하지만 '기'를 의미하기도 하고 '기'라고 하지만 '운'의 의미를 갖는 식으로 구별이 어렵게 되어 버렸다.

여기서 일단 간단히 정리해 보자면 인간의 몸에도 흐르고 이 우주와 대자연에도 가득 차 흐르고 있는 '그 어떤 것'의 통칭은 '기(氣)'이다. 그러니까 이런 관점에서는 '운(運)'도 기의 종류이다.

그런데 이것을 다시 구별하자면 이 우주에 흐르는 '보다 순수한 기'를 '운(運)'이라 부르고 지구와 같은 천체에, 그리하여 인간 몸에도 흐르는 '상대적으로 편벽된 기'를 '기(氣)'라고 한다.

앞서 말한 '운기학(運氣學)'은 이러한 관점에서 우주의 '보다 순수한 기'와 지구와 인간의 '상대적으로 편벽된 기'를 다루는 학문이라고 보면 된다. 그런데 우주에는 '운'만이 운행하고 있지만 지구와 인간에게는 '기'뿐만 아니라 '운'도 역시 흐르고 있다. 왜냐하면 지구와 인간도 역시 '우주 안'에서 존재하는 것이기 때문이다.

인간은 평상시에, 더 정확히 이야기하자면 의식이 있는 순간에는 '기'를 쓰면서 살아간다. 그러다가 휴식기, 더 정확히는 '잠'을 자는 순간 '기'는 앞서 이야기한 '정(精)' 작용을 하면서 가라앉고 그때 '운(運)'이라 부르는 기가 주로 작동하기 시작한다.

명상, 수행, 참선은 바로 이런 원리를 이용하는 것이다. 인간의 의식이 가라앉으면 감정을 따라 움직이는 '기'도 같이 가라앉고 그 순간 '운'이 내 몸의 주된 '기'가 되는 것이다.

그래서 '기'의 흐름을 느낄 수 있는 사람이라면 그 순간 내 몸 안에서 움직이는 '운'을 느낄 수 있고 '기'를 느낄 줄 모르는 사람이라 하더라도 마음이 가라앉고 무언가 마음속이 정리되는 느낌을 받는 것이다.

필자는 이제 이 원리를 바탕으로 '숨 쉬는 법'이라 이름 지은 수행법을 통해 '기'를 느끼고 '운'의 세계로 들어가는 방법을 제시하려 한다.

그런데 이런 의문이 들 수 있다. 그렇게 '숨 쉬는 법'을 왜 알아야 하나요? 명상, 수행, 참선을 하면 무엇이 달라지나요? 단순히 심신의 안정, 마음의 평화를 얻기 위해?

완전한 삶의 순환

서양의 학문을 흔히 '분석적(分析的)'이라고 한다. 거칠게 정의하자면 사물을 쪼개어 그 내면을 들여다본다는 의미라 할 수 있다. 반면에 동양의 학문을 '전체적(全體的)'이라고 한다. 적어도 '운기학(運氣學)'은 그런 학문이다. 운기학의 어떤 한 분야를 주로 파헤친다 해도 결국은 전체를 관조할 수밖에 없기 때문이다.

앞서 우주에는 '운(運)', 지구와 인간에는 '기(氣)'라는 관점을 이야기했는데 그것을 확장해 왜 그러한 현상이 벌어졌는가를 묻는다면 그것은 바로 이 우주가 탄생한 원리에 맞닿아 있는 질문이고 또 그것은 필연적으로 왜 지구와 온갖 '생명을 가진 것'이 왜 그리고 어떤 원리로 탄생하게 되었는가 하는 이치로 이어지게 된다.

그리고 다시 이런 생각들은 이 우주 안에 있는 모든 존재가 왜 그리고 어떻게 살아야 하며, 어떤 끝을 맺을 것인가에 대한 물음으로 이어질 것이고 동양의 운기학, 주역, 유가(儒家), 불가(佛家), 음양오행(陰陽五行) 등은 그러한 질문에 대한 의미 있는 암시(暗示, 넌지시 깨우쳐 줌)로 가득하다.

필자는 수년 전에 '숨 쉬는 법'이라는 작은 책을 내어 여러분께 호흡법에 대한 설명과 그 이치에 관해 설명해 주고자 했다. 그때만 해도 어려운 설명은 피한다는 핑계로 책을 간략하게 썼었는데 그 까닭은 솔직히 현재의 사람들이 이러한 지식을 받아들일 수 있겠는가 하는 의문과 함부로 수행에 대한 지식을 노출하여 그로 인해 그 지식을 악용하는 사람들이 있으면 어떻게 하나 하는 우려 때문이었다.

이제 수년이 지난 지금, 필자는 그러한 제약이 의미 없다고 생각한다. 모든 것을 아는 대로 알려주면 될 뿐, 이 모든 지식은 필자가 발명한 것도 발견한 것도 아니다. 그저 관심이 있었기에 배웠고 이제 나름대로 깨우친 바를 전하려 하는 전달자에 불과한 사람이 본연의 의무를 다하면 되는 것이고, 필자가 그랬듯이 판단과 실행 여부는 모두 지혜로운 독자들에게 맡기면 된다고 생각하기 때문이다.

다만 어느 누군가 이런 가르침에 목말라하고 간절히 원하던 사람이 있어, 그에게 일말의 도움이라도 되었다면 필자의 바람은 이뤄진 것이다.

그래서 『숨 쉬는 법 02』를 내었다.

차 례

머리말

결국 모든 것은 '기氣'의 문제로 귀결된다 · 3

명상冥想, 수행修行, 참선參禪 · 5

완전한 삶의 순환 · 9

1부 숨 쉬는 법

운기조식運氣調息 · 19

잠과 휴식 · 21

항상성恒常性 · 25

번뇌煩惱 · 29

수행에서 마주치는 것들 · 32

주화입마走火入魔 · 37

새롭게 숨 쉬는 법 - 동공動功 · 40

2부
나답게 사는 법

성리학性理學 · 51

하늘이 내려준 것 · 55

북송 5자北宋五子 · 60

태극도설太極圖說 · 63

슈뢰딩거의 고양이 Schrödinger's cat · 68

소강절邵康節 선생 · 76

주역周易 – '모든 것'의 알고리즘 · 78

다중우주 Multiverse · 83

원회운세元會運世 · 85

공자孔子와 인의예지仁義禮智 · 89

아我와 비아非我 · 98

솔성지위도率性之謂道 · 103

3부 인간답게 사는 법

인간은 왜 아침에 일어나는가 - 오운五運의 대화작용對化作用 · 109
오운의 계시啓示 - 음양 그리고 우주의 탄생 · 112
왜 세상은 부조리한가? - 육기六氣의 탄생 · 119
인간과 영혼 · 125
오운육기론 · 132
금화교역金火交易 - 인간이란 무엇인가 · 136

맺는말

· 146

아름다운

동쪽의 나라에서

평범한 기준이 될

가르침을 배워

크게 윤택한

삶이 있기를...

1부
숨 쉬는 법

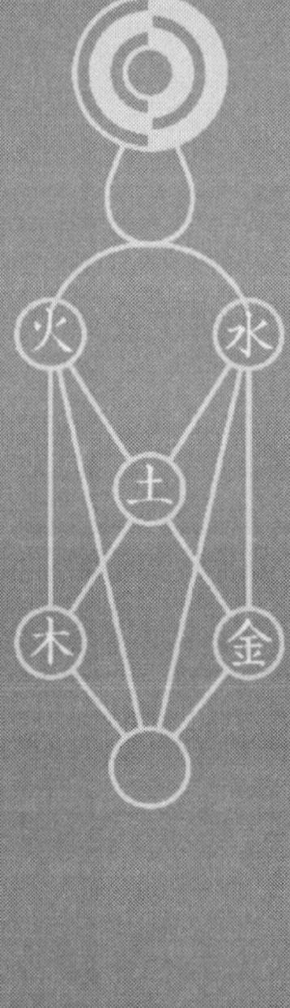

운기조식運氣調息

잠과 휴식

항상성恒常性

번뇌煩惱

수행에서 마주치는 것들

주화입마走火入魔

새롭게 숨 쉬는 법 – 동공動功

운기조식運氣調息

가장 먼저 기초가 되는 '숨 쉬는 법'을 배워보자.

호흡에 있어 가장 기본적이고 근본적으로 충족되어야 할 조건은 바로 '척추(脊椎)를 바르게 펴는 것'이다. 스님이 참선할 때 보면 결가부좌를 하고 허리를 꼿꼿이 세우고 수행에 임하는 모습을 볼 수 있는데 이러한 자세가 바로 척추를 바르게 펴기 위한 것이다. 그러나 보통의 사람이라면 온몸이 아파서 이러한 자세를 지속하기 어렵다. 스님들도 마찬가지이기 때문에 결가부좌를 해서 허리를 받칠 수 있도록 하는 것이다.

그래서 필자는 처음 시작을 누워서 하도록 권한다. 우리는 출가한 종교인이 아니기 때문에 수행하는 데 그렇게까지 진지한 태도로 임할 필요도 없고 더욱이 마음의 여유가 없는 현대인들에게 따로 수행할 시간을 요구하기도 어려운 것이 사실이기 때문이다.

그저 자기 전에 천장을 보고 누우면 자연스레 허리를 펼 수 있고, 그 상태에서 호흡을 가다듬어, 호흡에만 집중하면서, 그 호흡이 단전(丹田)을 향하도록 깊숙이 들이쉬고, 또 발바닥을 향하도록 숨 쉬고, 다시 손바닥을 향해서 숨 쉬고, 마지막으로 온몸으로 기운이 펴져나간다는 느낌으로 숨 쉬면 된다.

척추는 '기(氣)'가 통과하는 우리 몸의 '백두대간(白頭大幹, 한반도를 남북으로 가로지르는 산줄기)'이기 때문에 이것을 제대로 펴지 않으면 호흡의 효과가 많이 떨어지므로 초기 단계에서는 이것을 반드시 신경 써야 한다.

나중에 호흡이 충분히 숙달되면 단전에 기운이 가득 차, 몸에 전혀 힘을 들이지 않고도 앉아서 오직 단전의 기운만으로 허리를 펼 수 있게 되며, 그때가 되면 수행도 다음 단계로 나아갈 수 있다.

단전은, 요즘 운동하는 사람들 사이에서 '코어(core)'란 말을 많이 쓰던데 그것이 어떤 특정 신체 부위를 말하는 것이 아니라 몸에서의 '감각적인 중심'을 의미하는 것이라면 의미는 같은 것이라 할 수 있다.

호흡을 이렇게 의도적으로 하는 이유는 그동안 먼지 쌓여 운행이 원활하지 않은 기의 경로를 청소하기 위함이다. 물론 모든 '생명을 가진 것'에는 기가 항상 흐르고 있다. 그러나 '운기론'의 관점에서는 인간 의식이 이끄는 '기'가 활동할수록 그 바탕에 있는 '운'의 입지가 좁아지기에, 점차 피로는 쌓여가는데 휴식을 제대로 취하지 못하는, 잠을 자도 개운하지가 않은 상태가 되는데 일단 이것을 개선하기 위함이다.

이를 호흡을 조절하여(조식, 調息) 기운을 돌린다(운기, 運氣)고 하여 운기조식이라 하는데 모든 수행의 기초라 할 수 있다.

잠과 휴식

수행의 원리를 본격적으로 이해하기 위해 일단 '잠'에 대한 수수께끼를 먼저 풀어보도록 하자.

현대과학은 아직도 잠에 대한 신비를 풀어내지 못하고 있다. 그저 잠을 안 자면 심지어 생명에도 위험할 수 있고, 인체 내에 있는 생체시계(biological clock)가 이를 통제하고 있다는 정도에 머물고 있다.

왜 그럴까. 잠은 원래 '기(氣)'의 운행과 밀접한 연관이 있어 그 움직임을 과학적으로 관찰할 수 없기 때문이다. 인체는, 물질적인 신체는 피의 순환을 기초로 하여 움직이고, 보이지 않는 정신세계는 기의 순환을 기초로 움직인다. 물론 '기'와 '피'는 상호 밀접한 연관성을 가지고 움직이기 때문에 한의학에서는 이를 일컬어 '기혈(氣血)'이라고 한다.

아침이 되어 기가 움직이기 시작하면 우리는 잠에서 깨어 활동을 시작한다. 이것을 '신(神) 작용'이라고 한 바 있다. '기'는 항상 똑같은 상태로 움직이는 것이 아니다. 처음에 시작할 때는 물같이 차갑고 가라앉아 있다고 하여 이를 '수(水)'의 상태라고 표현하고 인간이 기를 쓰며 활동함에 따라 점차 열을 받아 뜨거워지게 되는데 이를 '화(火)'의 상태라고 한다.

'화'의 상태에 이르면 이는 당연히 다시 식혀야 하는데 이를 '정(精) 작용'이라고 한 바 있다. 아침에는 맑고 의욕 넘치던 머릿속이 피로가 쌓이면 점차 혼탁해지고 집중도 잘 안되는 상태가 된다. 그리고 이때가 되면 잠을 자야 한다.

이것을 다시 '기'의 측면에서 보면 '기'가 '신 작용'의 시간이 되면 인간의 '의식을 켜주고' 시간이 흘러 '정 작용'의 시간이 되면 '의식을 꺼뜨리는' 것이다. 인간이 잠이 드는 순간을 기억하지 못하는 것은 '의식을 켜고 끄는 주체'가 '내'가 아니라 '기'이기 때문이다.

인간이 스스로 감당하기 힘든 충격이 오면, 그것이 물리적인 충격이건 정신적인 충격이건 도를 넘는 충격이 와서 육체가 감당하기 힘들면 내 몸의 '기'는 의식을 꺼버린다. 그것이 바로 '기절(氣絕, 기가 끊기다)'이다. 만약에 그 충격이 너무도 커서 육체가 더 이상

[유튜브 인용]

[#놀라운 증명]
잠이 중요하다는데... 대체 왜 자야 할까? 264시간 동안 깨어있던 사람에게 일어난 끔찍한 일ㄷㄷ <tvN D ENT>

잠을 왜 자는가? 한마디로 아직 모릅니다.
기네스북에서 17세의 젊은 고등학생을 대상으로 잠을 안 자는 실험에 도전했는데 무려 11일 동안이나 잠을 자지 않고 버텼다고 한다. 그러나 실상을 보면 실험 2일째에 벌써 촉각만으로 사물을 구별하는 능력을 상실하고, 실험 3~4일차에는 우울함, 기억력 감퇴, 망상. 거리의 표지판을 사람으로 착각하는 등의 증세를 보이고, 실험 9일차에는 언어능력 저하로 문장을 끝맺지 못하며, 실험 11일차에는 감정없는 인형에 가까운 상태가 되어 단순한 뺄셈 산수, 타인과 대화가 불가능한 상태가 되어 자기결정력이 없다고 판단, 실험을 중단시켰다고 함.
(https://www.youtube.com/watch?v=F3F3TtEBuyY&pp=ygU17J6g7J20lOykkeyalO2VmOuLpOuKlOuNsC4uLiDrjlDssrQg7JmclOyekOyVvCDtlaDquYw%3D)

감당하기 힘든 상황에 접어들면 결국 그 기는 인간의 몸을 떠난다. 그렇다. 그것이 바로 우리가 알고 있는 '죽음'이다.

이것을 다시 '운기론'의 관점에서 보면 '신 작용'의 시간에서는 '기'가 주도적인 역할을 하고 '정 작용'의 시간에서는 '운'이 주도적인 역할을 한다.

명상, 수행, 참선에서는 호흡이나 고유의 방법으로 의식을 가라앉히고 잡념을 멈추어 고요한 세계로 들어가라고 가르친다. 그러면 어떤 일이 벌어질까. 바로 '정 작용'이 일어나고 '운'이 몸과 마음을 주도하게 되어 '의식(意識)'이 '우주의 기운(운(運))'과 하나가 되는 단계로 접어들게 되는 것이다.

명상, 수행, 참선은 깨어있는 수면(睡眠)이다. 원래는 잠이 그 역할을 제대로 하면 되는 일인데 다 아시다시피 현대를 살아가는 인간의 정신은 '화(火)' 상태에 머무르는 시간이 너무 많아 쉽게 식히기 어렵다. 그래서 불면증도 많고 깊은 잠에 들지 못하는 사람도 많은 것이다.

원래 수행의 목적은 구도자들이 우주의 정신과 합일(合一)하기 위해 행하던 것인데 이제는 현대인의 건강을 위해서라도 꼭 필요한 일이 되어 버렸다.

그러면 "나는 잠을 잘 자기 위해 수행을 한다는 말은 이해가 돼도 무슨 '우주 정신과 합일' 그런 것까지는 관심 없어요."라고 할 사람들을 위해 도대체 '운(運)'이란 무엇인지 설명이 필요할 것이다.

항상성恒常性

인체에는 항상성(恒常性, Homeostasis)이라는 것이 있다. 사람이 더운 여름이나 추운 겨울에도 항상 일정한 체온을 유지하는 것은, 그때그때 인체가 알아서 땀구멍을 열고 닫아서 체열을 배출하거나 막기 때문이다. 운동을 하면 에너지원을 공급하기 위해 혈액 속의 포도당을 쓴다든지 음식물을 섭취하면 인슐린을 분비하여 당분을 조절하는 모든 행위가 바로 항상성이며 일종의 인체 자동 조절 장치인 셈이다.

그런데 왜 이러한 항상성이 존재하는 것일까. 어떻게 인간을 포함한 각종 생물은 이런 조절 장치를 갖게 된 것일까. 그저 진화의 산물인가. 아니면 태어날 때부터 유전자에 새겨진 것일까. 도대체 무슨 원리가 인간과 생물의 유전자에 이런 원리를 새겨넣은 것일까.

인체를 살펴보면 인체의 여러 기관 중 우리가 우리의 의지대로 움직일 수 있는 기관이 있는 반면, 우리의 의지와는 상관없이 움직이는 기관이 있다. 아무도 심장을 뛰게 하려고 어떤 의지를 품지는 않는다. 소화를 시키기 위해 위와 장을 내 맘대로 움직이지도 않는다. 물론 숨을 쉴 때는 일부러 호흡을 하기도 하지만 대부분의 숨은 내 몸이 알아서 쉰다.

이렇게 내 의지와는 상관없이 움직이는 기관과 내 의지가 있어야 움직이는 기관, 이 차이는 어떻게 만들어지는 것일까. 인체뿐만 아니라 모든 생명체에서 발견되는 이런 원리를 이해하기 위해 운기론(運氣論)이 필요하다.

'운(運)'이란 생명이 자존(自存), 자재(自在)하는 원리를 설명하기 위해 탄생한 개념이다. 한마디로 자율성(自律性)을 지닌 존재의 운동 원리를 '운'이라 하는데 이렇게 '운'을 지닌 존재를 다른 말로 '정신(精神)을 지닌 존재'라고 부른다. 앞서 설명했듯이 인간도 정신을 지녔으니 '운'을 지닌 존재이다.

그러나 '운'은 단순히 인간의 정신을 설명하기 위한 것은 아니다. 그것은 더 큰 것, 즉 우주의 운행 원리를 설명하기 위한 것이고, 우주가 누구의 도움 없이 다시 말해 외부의 어떤 영향도 받지 않고 스스로 존재하는 이치를 설명하기 위한 개념이다.

요즈음 전 세계가 인공지능(AI) 개발에 몰두하고 있다고 하는데 이것은 '인공'이 빠진, 그냥 '지능'이 어떻게 스스로 존재하는지에 대한 동양적인 해석인 셈이다.

그 구조를 간단히 설명하자면, '운'은 기본적으로 순환구조를 띠고 있는데 '운'의 어떤 하나의 기운에 자극이 오면 그 순환구조의 상대편에 있는 기운이 영향을 주어서 자극을 받은 기운과 힘을 합쳐 변화를 수용하면서 상황을 다음 단계로 발전시키는 형태로 움직인다.

상대편의 기운이 영향을 주는 것을 '대화작용(對化作用)'이라 하고, 단계는 목(木), 화(火), 토(土), 금(金), 수(水)의 5단계로 이루어져 있으며 각기 상대편이 있으니 총 10개의 '운'이 존재한다. 그리고 그 이름은 각기 갑(甲), 을(乙), 병(丙), 정(丁), 무(戊), 기(己), 경(庚), 신(辛), 임(壬), 계(癸)이다. 그렇다. 우리가 알고 있는 천간(天干)이 바로 10개의 '운'의 이름이다.

자율적으로 움직이는 우주의 정신 '운'의 운동 원리는 모든 생명체에 깃들어 각 생명체의 자율적인, 그리고 '무의식적인' 동작을 주도한다.

어떤 사람이 큰 수술을 받거나 심한 외상을 입었을 때, 치료를 위해 의사들은 일부러 환자가 수면을 취할 수 있도록 유도한다. 여러 가지 이유가 있겠지만 환자가 깨어있을 때보다 잠을 잘 때 상처의 치유가 더 잘된다는 경험도 작용했을 것이다. 원래 인간은 무의식 속에서 '운'이 작용하여 신체가 알아서 가장 효율적인 방법으로 정

상화를 도모하게 되는 것이다.

사람은 큰 일을 앞두고 너무 긴장하면 제대로 실력을 발휘하지 못하는 경우가 있다. 이때에도 마음을 비우고 평정심을 찾으면 좋다는 것을 절감하게 되는데 그 이유도 평정심 속에선 '운'이 작용할 수 있기 때문이다.

원래 이런 원리 때문에 '운'의 중요성이 강조되던 것이 수많은 세월이 지나 그 이유는 다 사라지고 지금은 그저 사람의 말 속에서 '행운을 빈다', '운이 좋았다'라는 식으로 남아있을 뿐이다.

불교와 인도의 힌두 사상 속에서 언급되는 범(梵, 브라흐만)과 아(我, 아트만)의 관계(범아일여, 梵我一如) 역시 '운'과 '기'의 관계로 보면 이해가 쉽다. 불자들이 참선 속에서 '나'와 '우주(범)'의 합일을 체험하여 열반(涅槃, nirvāna)에 드는 것을 궁극의 경지로 삼는다면, 동양의 수행자는 이미 내 안에 존재하는 '운'을 느끼고, '운'이 항상성이라는 방식으로 항상 나를 보살피고, 나를 치유해 주는 정말 정말 고마운 존재임을 깨닫는 것을 첫 번째 목표로 삼아야 한다.

그러면 동양 수행자들의 궁극 목표는 무엇이냐고? 그 해답을 얻기 위해서는 아직도 '숨 쉬는 법'에 좀 더 알아야 할 것이 있다.

번뇌煩惱

앞서 필자가 제시한 대로 자기 전에 누워서 호흡을 하면, 오직 호흡에 집중하여 숨을 원하는 대로 보낼 수 있게 되던가? 아니면 자꾸 다른 생각이 떠올라 호흡하던 것을 잊고 잡념에 빠지게 되던가?

잡념은 모든 수행자가 겪는 거대한 장벽이며, 불교에서는 이를 일컬어 번뇌라고 한다. 그만큼 넘기 힘든, 그러나 꼭 극복해야 할 과정이다.

프랑스의 철학자 앙리 베르그송(Henri Bergson, 1859~1941)은 그의 저서 '물질과 기억(Matière et mémoire, 1896)'을 통해 인간의 뇌와 기억에 관한 흥미로운 이론을 제시하였다. 요점만 추리자면 우리가 흔히 기억의 저장소로 알고 있는 뇌는 사실 "기억을 저장하는 곳이 아니며 오직 기억을 불러오는 데 훨씬 더 기여한다."라는 것이다. 그는 실어증(失語症, 뇌의 질환이나 손상으로 언어의 이해 및 표현능력이 상실된 상태, 다음(Daum) 질병백과) 환자의 연구를 통해 뇌의 손상이 기억을 불러일으키는 기능을 방해할 뿐, 기억 자체를 손상하지 않는다는 것을 입증하였다. 그는 기억,

나아가 인간의 정신이 육체과 별개인 것으로 보았으며, 이는 아마도 영혼의 존재를 염두에 둔 것 아닌가 생각되지만, 더 이상의 언급은 없다.

뇌가 기억의 저장소가 아니라 기억을 불러내는 장치라는 것은 어떤 의미를 갖는가.

수행하면서 호흡에만 집중한다는 것은 의식을 가라앉히고 동시에 몸의 긴장을 이완시키기 위함이다. 온몸의 힘을 빼고 생각을 멈추면 뇌도 그 순간 휴식을 취하게 되는데 바로 그때 잠재되어 있던 온갖 기억이 뇌의 통제를 벗어나 일어나게 된다. 갑자기 정말 뜬금없는 기억들이 떠올라 호흡으로의 몰입을 방해하고, 상념에 이끌려 원래의 의도를 잊어버리는 일이 자주 반복된다.

이런 이치를 보면 꿈도 이런 현상의 일종이라는 것을 쉽게 이해할 수 있다. 의식이 꺼지면서 그 아래 놓여있던 기억들이 통제를 뚫고 일어나지만, 현대의 심리학은 이런 현상조차 인간은 방어기제(defense mechanism)를 통해 왜곡한다는 사실을 밝혀내고 있다.

인간의 기억은 뇌의 도움(?)으로 희미해질 뿐 사라지는 것이 아니기 때문에, 수행을 통해, 깨어있으면서 의식을 가라앉히면 바로 이런 잡념, 번뇌가 다가오는 것이다. 따라서 잡념, 번뇌는 수행자라면 반드시 겪게 되는 필연적인 현상이라는 것을 알 수 있다.

나중에 수행이 깊어져 더욱 깊은 곳에 가라앉아 있던 기억을 아무런 방어기제 없이 마주한다는 것은 생각만 해도 소름이 돋는 일이 될 텐데, 다행히도(?) 그런 경지에 간 사람은 그리 많지 않으니 지레 겁먹을 필요는 없다고 본다.

인간의 기억이 사라지지 않고 그 어딘가에 남아있다는 이야기는 마치 불가(佛家)에서 가르치는 업(業, 카르마)을 연상시킨다. 수행하면서 마주치는 온갖 잡념은 자신의 과거, 현재, 미래에 저질렀거나 마주칠 일들을 기반으로 하기에 온전히 스스로 극복해 나갈 수밖에 없으며 그래서 마치 강물을 거슬러 헤엄치는 것처럼 힘들여 나감에도 제자리를 맴도는 듯한 기분이 들기도 한다.

잡념을 극복하는 가장 쉬운 방법은 오직 호흡에 집중하는 것이다. 잡념이 몰려와도 오직 호흡에만 몰두하면서 뚝심 있게 나아가는 것인데, 불가(佛家)에서 말하는 '용맹정진(勇猛精進)'이 바로 이런 상황을 말하는 것일 것이다.

잡념 극복의 또 다른 방법은 '기도문(祈禱文)'을 활용하는 것이다. 스님이 수행하면서 불경(佛經)을 외는 장면을 상상하면 도움이 될 텐데, 종교를 가지고 있으면 그 종교의 기도문을 활용하여 정신을 하나로 집중하고, 잡념에 빠지더라도 다시 수행으로 돌아올 수 있도록 하는 것이다. '기도문(祈禱文)'은 뒤에 '동공(動功)'을 설명하면서 다시 한번 언급하려 한다.

수행에서 마주치는 것들

여기서는 수행할 때 접하게 되는 몇 가지 상황들을 가볍게 소개하려 한다.

수행하다 잡념에 빠지면 어느 순간 경험적으로 어깻죽지에 힘을 주고 있는 자신을 발견할 수 있다. 우리가 평상시에도 스트레스를 받으면 어깻죽지가 뭉쳐있는 경우를 자주 보듯이 사람이 집중해서 생각을 짜내려면 자신도 모르게 어깨와 등 쪽에 힘을 주게 된다. 당연히, 들어가 있는 힘을 풀어서 긴장을 이완시켜야 하는데, 이 경험은 평상시에 휴식을 취할 때도 어깨 부분을 의식해서 힘을 빼면 긴장을 푸는 데 많은 도움이 되므로 꼭 기억해 두길 바란다.

호흡이 점차로 익숙해지면 자연스레 온몸으로 기운이 순환되면서 그 기운으로 온몸을 훑는 듯한 느낌을 받게 되는데 그 정도의 단계에 이르면 굳이 의도적으로 기를 순환시킬 필요가 없고 호흡을 통해 기가 자연스럽게 온몸을 돌아다니도록 놔두면 된다.

그런 정도의 상황에서 몸을 순환하던 기가 어느 신체 부위에 이르러 잘 유통되지 못하고 심지어 통증을 유발하기까지 하는 경우를 만나게 되는데 이는 기가 많이 막혀 있는 부위이다. 평상시에는 전혀 지장을 주지 않지만, 기가 예전보다 많이 흐르다 보니 쉽게 말해 병목현상이 일어나는 셈이다. 오랫동안 막혀 있던 곳이니 무리하게 뚫으려고 기를 몰아붙이면 안 되고 서서히 오랜 시간을 들여 막힌 곳을 청소한다는 느낌으로 해결해 가야 한다. 특히 '명치'라 부르는 가슴 부위에서 많이 일어나는 일이니 절대 서두르지 말고 기를 조금씩 흐르게 하면 어느 순간 사라진다.

이 정도의 단계에 이른 사람은 자신의 몸에서 일어나는 기의 순환을 관조(觀照, 차분한 마음으로 살펴봄)할 수 있게 되는데, 세심하게 온몸을 살피다 보면 기의 순환이 원활하지 않은 곳이 종종 발견된다. 이 경우도 해법은 같으니 천천히 뚫으면 된다.

앞서도 설명했듯이 동양의 호흡법은 모두 일단 단전을 기반으로 하는 것이다. 그다음에 기의 순환이 자연스러워 지면 아까 기가 많이 막힌다고 했던 명치 부근을 뚫어내게 되고, 더 나아가 머리끝

(이를 백회(百會, 백회혈)라고 한다)까지 이르게 되는데 이 정도 경지에 이르면 자기 몸이 훨씬 맑아져 있음을 느낄 수 있다.

이 경지에 이르기까지 기다릴 필요 없이 원한다면 누구나 누워서가 아니라 앉아서 수행할 수도 있다. 앉아서 수행할 때도 수행의 제1조건, 척추를 펴는 일을 잊으면 안 되며, 앞서 언급했듯이 단전에 기운을 모으면 그 힘으로 허리를 펴고 앉을 수 있으므로 무리하게 허리에 힘을 줄 필요가 없다. 그리고 책상다리를 하고 앉으면 다리가 저려 오래 앉아 있을 수 없으니, 의자에 앉아서 하는 것을 권하며, 처음에는 척추를 펴기 위해 허리와 의자 등 사이에 쿠션을 넣어 지탱하는 것도 가능하다.

앉아서 수행할 때는 자연스럽게 장에 들어가는 힘이 풀리면서 화장실을 가고 싶은 경우가 생기는데, 이로 짐작건대 사람은 생각하거나 집중하면 자신도 모르게 장에 힘을 준다. 스트레스로 인한 변비로 고생하는 사람이라면 참고할 만 하다.

살다 보면 간밤에 잠을 잘못 자 어깨가 뭉쳐서 하루 종일 고생한 경험이 있을 것이다. 아무리 어깨를 주무르고 마사지해도 풀리지 않고 잠을 자야만 풀리던 경험. 이럴 때도 호흡을 통해 기를 순환시키고 그 기가 뭉친 부위를 흐르도록 하면 기가 통과하면서 시원한 느낌과 함께 뭉친 부위가 풀린다.

양치하다 헛구역질을 하는 사람도 의외로 많은데, 음주를 즐기면 술의 불(火) 기운 때문에 그렇거나, 여러 원인이 있겠지만 호흡을 통해 기운을 단전 아래로 가라앉히면 거짓말처럼 사라지니 이 역시 참고하기를 바란다.

코골이도 얕은 숨이 원인이 되는 것으로 여러 가지 이유로 숨을 가슴 쪽으로 얕게 쉬면 이런 현상이 나타난다. 숨을 척추 쪽으로, 등 쪽으로 쉬면 되는데 이것은 어느 정도 호흡이 숙달된 사람에게나 가능한 것이므로, 처음 숨 쉬는 법을 배운 사람에게는 아직 어려울 수 있다.

또 평상시에 손발이 차서 고생하던 사람도 손발 끝까지 기운이 돌면 훨씬 따뜻해지는 체험을 할 수 있으니 이 또한 많은 도움이 될 것이다.

마지막으로 중요하면서도 간단한 이치 하나를 설명하자면, 필자가 '운기론'을 이야기하면서 '운'이라는 기운과 '기'라는 것을 언급하면, 독자들은 혹시 "사람의 몸에서는 '운'이라는 기운과 '기'라는 것이 각기 흐르고 있는가 보다."고 생각하기 쉬운데 절대 오해하면 안 된다.

인간의 몸에는 그저 '기'가 흐르고 있을 뿐이다. 이 '기'가 환경과 상황에 따라 주로 '운'의 속성을 가지고 흐르거나, '기'의 속성을 가지고 흐를 뿐이다. '운기론'이라는 것은 이론적이고 관념적인 해석일 뿐이다. 인간의 '피'가 적혈구, 백혈구, 혈소판, 혈장 등으로 구성되어 있듯이 인간의 몸을 흐르는 '기'도 '운'적인 속성과 '기'적인 속성으로 구성되어 있을 뿐이고 '기'는 보이지 않으며 오직 같은 '기'를 운용하는 생명체만이 '느낄 수 있는 것'이므로, 피의 구성요소와 같은 구분이 불가능하다.

동양의 '음양론(陰陽論)'을 이야기할 때, '양'은 남성, 하늘, 태양, '음'은 여성, 땅, 달 하는 식으로, 상투적으로 구분하곤 하는데, 우주에는 그저 '기'가 있을 뿐이다. 그 '기'가 동적인 속성을 띨 때, 그것을 '양'이라 부르고, 정적인 속성을 띨 때, 그것을 '음'이라 부르는 것인데 이미 일반 명사가 돼버려 바로잡기가 불가능한 상황일 뿐이다.

마치 지동설(地動說)이 진리로 자리 잡은 지 이미 수백 년이 지났음에도 아직도 일상 용어로는 해가 뜨고, 해가 진다고 하는 것과 비슷하다고 보면 된다.

우주의 '기'가 우주에서는 보다 '순수하게' 운행하므로 그 운행하는 모습을 '운'이라는 개념으로 정리하였고, 지구와 같은 천체, 그리고 그 속에서 존재하는 생명체는 '상대적으로 편파적인' 흐름을 지니고 있으므로 이를 '기'라는 이름으로 개념화하여 설명하고 있을 뿐이다.

주화입마走火入魔

이 글은 조금 무거운 내용을 담고 있다. 세상 모든 일이 좋은 일만 있을 수는 없듯이 수행에도 당연히 부정적인 측면이 있다. 그것은 수행 그 자체가 문제가 있다는 의미는 아니다. 오히려 수행하는 사람의 문제라고 봐야 할 것이다.

수행을 한다는 것은 인간의 의식, 쉽게 말해 그 생각이 갖고 있는 다분히 편파적인 속성을 잠재우고 본연의 순수한 기운 즉 '운'을 통해 몸에 흐르는 '기'의 흐름, 나아가 마음의 흐름도 순리에 맞게 흐를 수 있도록 하려는 것이다.

동양에서 이러한 수행을 행한 역사는 오래되었다. 그리고 그 과정에서 수행자들은 몸에 흐르는 기를 의도적으로 유도하여 몸의 특정 부위를 더욱 강화한다든지 하는 것이 가능하다는 것을 깨닫게 되었다. '내공(內功)'이라는 이름으로 이런 방향으로 나아간 사람들이 적지 않지만, 문제는 언제나 그것을 활용하는 사람의 마음에서 일어난다. 무협지 같은 대중소설 속에서 과장되게 표현된 것처럼 사람들에게 환상을 심어주고 별 쓸모도 없는 잔재주에 집착하는 부작용뿐만 아니라 무리해서 기를 운용하다가 순리를 벗어나기가 뒤틀려 신체에 마비가 오는 일도 실제로 일어난다.

기를 의도적으로 인도하여 신체를 단련하는 것을 통틀어서 '도인술(導引術)'이라 한다. 우리가 흔히 접하는 인도의 요가(yoga)도 일종의 도인술이다. '어떤 자세가 어떤 신체 부위를 강화하고' 하는 따위가 기본적으로 이런 속성을 띠고 있다.

건강을 위하여, 전문가 선생님의 도움을 받아서 하는 도인술이, 또는 요가가 무슨 문제가 되겠는가. 그런데 꼭 이런 속에는 뜬금없는 욕심을 부리는 사람들이 나오기 마련이어서 필자가 특별히 경계를 하려는 것이다.

앞서 언급한 '기를 운용하다 잘못 흘러 신체에 마비가 오는 것'을 '주화입마(走火入魔)'라고 한다. 주화입마도 결국은 기의 흐름이기 때문에 대개의 마비는 앞서 막힌 기운을 푸는 방법에서 설명했듯이 시간이 지나면 자연스레 풀리는 경우가 많지만, 경우에 따라서는 정말 오래 갈 수도 있으니 반드시 주의하기 바란다. 무엇보다도 '기'는 호흡을 따라 그 자체가 흐르는 대로 자연스럽게 놔두어야지 어떤 의도를 가지고 특정 방향으로 흐르게 하려는 마음 자체를 먹어서는 안 된다.

'주화입마'는 신체적인 마비를 가져올 뿐이지만 정말 무서운 것은 '마(魔)' 자체에 빠지는 일이다. 수행을 시작하면 타고난 소질에 따라 기의 흐름을 빨리 느끼는 사람이 있고, 늦는 사람이 있다. 그러나 시작한 지 얼마 지나지 않아 몸에서 기가 흐르는 것을 느끼는 사람이라 해도 큰 틀에서 보면 별 차이가 없게 된다.

처음에 그런 신체 반응이 오는 것을 '명현(瞑眩) 반응'이라고 하는 데 일상적인 표현으로는 '짜릿한 느낌'이라고나 할까. 그런 느낌이 너무 신기해서 다음 날 다시 수행을 하면 그 반응은 다시 오지 않는다. 이미 그 경지에 도달했기 때문에 또다시 그런 짜릿한 느낌은 오지 않는 것이다. 그리고 다음 단계로 넘어가는 데 다시 일정한 시간이 필요하게 된다.

그렇게 이런 과정들을 자연스럽게 받아들이면 되는데 인간의 마음은 묘한 것이어서 그 순간에 "아, 내가 특별한 사람인가!"하는 묘한 심정이 들 수 있고, 이런 마음을 바로 '마(魔)'에 미혹되는 순간이라 한다. 무슨 무협영화에서나 나올 소리냐고 코웃음 치는 사람도 있겠지만 이런 사람들이 의외로 많다. 무슨 '교주(敎主)', '구세주'라고 자칭하는 사람들이 처음 시작은 다 진리를 찾아보겠다고 나선 사람들일 수밖에 없다는 사실을 간과해서는 안 된다.

필자가 머리말에서 '지식을 악용하는 사람들에 대한 우려' 때문에 책 쓰기를 주저했다는 것이 바로 이것이다. 성경이나 불경에도 최후의 순간에 마왕, 사탄의 유혹을 물리치는 장면이 등장하는 것이 바로 '마'가 얼마나 무서운 것인가를 알려주는 반증이다.

인간의 여러 가지 죄악도 나쁜 것이지만 다른 사람의 영혼까지 병 들이는 죄는 구제가 불가능한 것이기에 거듭 강조하는 것이니 절대 그런 유혹에 빠지지 않기를 바란다.

별 특별한 수행법을 제시하는 것도 아니면서 너스레를 떤다는 생각이 드는 분들도 있겠지만 지금, 이 이야기를 하는 것은 이제부터 지금까지 잘 들어보지 못한 수행법을 소개하려 하기 때문이다.

새롭게 숨 쉬는 법 – 동공動功

라디오(Radio)란 원래 무선 전파를 의미하는 단어였으나 이제는 이 전파를 수신하는 기기, 즉 전파수신기를 말한다. 라디오에서 전파를 수신하는 방식은 공중에 떠다니는 무선 전파의 주파수와 라디오 내부 회로의 주파수를 일치시키면 소리가 들리는 구조로 되어 있으며 예전에는 주로 튜너(tuner)라고 하는 다이얼을 돌려 그 주파수를 맞추곤 했는데 이를 동조(同調, tuning)라고 한다.

인체에는 '운'이라 부르는 기가 흐르고, 이는 우주에도 똑같이 존재하는 것이라고 했다. 그러나 여러분들이 수행을 통해 느끼기 전까지는 존재조차 몰랐던 것이고 그저 잠이 들었을 때 주로 활동하면서 인간의 몸과 마음의 휴식, 즉 '정(精) 작용'만을 해왔기에 여러분의 '운'은 그 몸에서 고립된 채, 묵묵히 자신의 역할만 다하고 있었다.

수행의 첫 번째 단계는 자신의 몸에서 '운'을 보다 적극적으로 운행시키는 것이며, 이제 몸에서 어느 정도 '운'의 움직임을 느낄 수 있다면 이제 다음 단계로 나아갈 준비가 되었다.

그리고 그 '다음 단계'는 자기 몸의 '운'과 우주 자연의 '운'을 '동조(同調)'시키는 것이다. 물론 내 몸의 '운'이 우주 자연의 '운'과 완전히 동떨어져 존재하는 것은 아니다. 그러나 이 둘을 보다 강하게 결합시켜 수행을 한 차원 상승시키려는 것이 이 수행의 목적이다.

이 수행의 핵심은 라디오의 튜너를 돌리듯이 몸 내부의 주파수를 돌려 우주 자연의 '운'과 일치시키는 것이다. 내 몸의 주파수는 '박자(拍子)'를 통해 조절한다. 예를 들어 '둥 둥 둥'하는 식으로 마음 속의 박자를 떠올리고, 내 몸이 마치 음악의 리듬을 타듯이 그 박자의 진동을 느끼면서 호흡을 이어간다. 박자는 높고 낮음이 없이 일정하되 다양한 빠르기로 시도해볼 수 있다. 무언가 내 몸이 끌리는 속도의 박자를 가지고 호흡을 전개해 가면, 물론 한 번에 금방 되지는 않지만, 어느 순간, 마치 '덜컥'하고 내 호흡이 커다란 호흡에 맞춰지는 체험을 할 수 있다.

앞서 서두에 라디오에 대한 설명을 한 것은 바로 이 때문이다. 주파수를 맞춘 라디오에서 음악이 흘러나오듯이 자신의 몸이, 더 정확히는 내 몸의 '운'이 커다란 흐름에 탄 듯이 자연스레 진동하는 체험을 할 수 있다.

이것은 '운'과 '운'을 일치시키는 과정이기 때문에 절대로 '의식'하거나 의도적으로 접근해서는 안 된다. 그저 늘 수행하듯이 의식을 가라앉히고 호흡에만 집중하되 거기에 박자를 싣는 것으로 생각하면 된다.

한 번 성공하면, 그다음 몇 번 정도의 숙달 과정을 통해 자연스럽게 어느 때나 그 흐름을 탈 수 있다. 그리고 여러분의 수행은 이제 완전히 새로운 단계에 진입하게 될 것이다.

모든 수행자들이 꿈꿔왔던 경지를 이렇게 쉬운 방법으로 다다를 수 있다는 것이 아마도 믿어지지 않겠지만 해보면 알게 될 것이다. 그 경이로운 세계를.

혹시 궁금해하는 사람이 있을 수 있기 때문에 미리 말하자면 이것은 흔히 말하는 신들림, 빙의 따위와는 완전히 다른 것이다. 이것은 언제나 '나'의 의지로 시작하고 원하는 순간 언제나 '내가' 의식을 떠올리면 멈추는 것이기 때문에, 다른 존재에 의해 영향을 받는 것과는 차원이 다르다.

이 수행법을 동적인 방식으로 수행한다고 하여 '동공(動功)'이라 이름 지었다. 기존의 수행법이 가만히 앉아서 호흡에만 집중하는 것에 비해 이 수행법은 뒤에 설명하듯이 몸을 움직이기도 하고 또 움직이면서, 예를 들어 걸으면서도 수행할 수 있다.

동공을 계속하다 보면 온몸 특히 양손에 기에 대한 감각, 즉 기감(氣感)을 느낄 수 있고, 기감을 느낄 수 있으면 기의 형태로 존재하는 것을 느낄 수 있다. 예를 들어 풍수명당(風水明堂) 즉 흔히 명당이라 불리는 곳에 가면, 진짜 명당일 경우 그 기운을 느낄 수 있고, 가짜라면 아무런 기운이 없기에 헛소문이라는 것을 판단할 수 있다.

필자가 '숨 쉬는 법' 초판에서 소개한 강화도 마니산 참성단, 경북 영주의 석송령, 경주의 분황사 모전석탑 같은 곳을 가보면 자신의 기감이 어느 정도인지 확인할 수 있다.

'동공'에 어느 정도 숙달되면 어떤 현상이 벌어질까?

제일 먼저 느낄 수 있는 것은 내 몸의 치유이다. '동공'을 통해 기의 순환을 더욱 강하게 느낄수록 내 몸에서 기운이 막혀있는 곳을 찾아 풀어주려는 동작이 자연스럽게 따라온다. 손발을 흔들어 탁한 기운을 털어내는 듯한 동작도 하고 싶고, 몸에서 기운이 막혀있는 듯한 부위를 톡톡 두드려 풀어주고 싶을 때도 있다.

왜 이런 동작이 따라올까? 혹시 잘못된 것은 아닐까? 이런 동작이 하고 싶어지는 이유는 '운'이라는 것이, 앞서도 설명했듯이 '항상성'의 속성을 띠고 있기 때문이다. 인간의 몸이 가장 정상적이고 일반적인 상태로 유지되도록 하는 그 기운이, '동공'이라는 수행을 통해 적극적으로 막히고 뭉친 부분을 풀어내려는 동작을 취하도록 유도한다는 뜻이다.

그래서 이를 통해 몸은 가장 건강한 상태를 유지하게 되는 것이다.

아마도 '동공'을 하는 세부적인 요령에 대해 묻고 싶은 것이 많겠지만 필자는 이 정도로 충분하다고 생각한다. 대학(大學, 유교의 경전)에서 "자식 기르는 법을 배운 뒤에 시집가는 이는 없다(未有學養子而後嫁者也)."라고 하였듯이 이 수행법은 사람이 원래 갖고 있던 그 기운을 일깨우는 것, 오직 그것이 전부이기 때문에 우리가 자식 사랑하는 법을 미리 배우고 애를 낳을 필요가 없는 것처럼, 이것은 그 누구도 아닌 '내 몸'에 대한 것이기 때문에, 스스로를 믿고, 허튼 마음을 품지 않고, 조심스럽게 실행하며, 예기치 못한 상황에도 상식을 기반으로, 침착하게 합리적으로 대처해가면 누구나 할 수 있고, 시간이 걸릴 수는 있지만 반드시 된다.

조선말 우리나라에는 동학(東學)이라는 민족종교가 있었다. 지금은 천도교(天道敎)라는 이름으로 명맥을 이어오고 있는데 이 동학 신도들이 수행할 때 쓰는 기도문이 있다. '지기금지 원위대강(至氣今至 願爲大降, 지극한 기운을 지금 이 순간, 원컨대 크게 내려주시길 바랍니다)'이라는 내용인데 '강령주(降靈呪)'라고 부른다.

동공은 근본적으로 나와 우주의 '운'을 동조(同調)시키는 '주체적인' 수행법이지만, 사실 한 인간과 우주는 그 크기의 차이가 이루 말할 수 없으므로, 조상들은 그 기운을 '지극한 기운'이라 하여 내 몸에 내려오는 것이라 생각하고 이와 같은 기도를 하였다. 이 기도문의 취지가 동공과 아주 잘 맞다고 생각되어 추천하는 것이니, 크게 거부감이 없다면, 여덟 글자라 리듬을 타기도 좋으니 활용해 보기를 바란다.

옛말에 '남대문 가본 사람과 안 가본 사람이 남대문을 두고 말다툼하면 안 가본 사람이 이긴다.'라고 했다. 원래 모르는 사람이 더 시끄럽게 떠드는 법이다. '기'에 대한 체험이 바로 그렇다. 그것을 보거나, 느낀 사람은 진실을 알기 때문에 굳이 힘주어 설득할 필요가 없다. 그저 그 사람도 직접 겪어 보기를 바랄 뿐이다.

이렇게 수행이 깊어질수록 보통의 사람이라면, 의문이 해소되기는커녕 더욱 이 우주와 인간에 대한 호기심이 꼬리에 꼬리를 물게 된다. 이런 모든 원리가 어떻게 인간에게 깃들게 되었을까? 도대체 '나'라는 것은 무엇일까? 이렇게 '나'라는 한 개체(個體)가 존재하는 이유는 무엇이고, 어떻게 생겨났을까? 이제 그 의문을 풀기 위해 다시 재미있는 여행을 떠나보자.

운기론을 포함한 동양학의 보다 구체적인 내용이 궁금한 사람은 한동석 선생의 '우주변화의 원리'와 필자의 졸저 '동양학 아카데미 1, 2권'을 참조하기 바란다.

2부
나답게 사는 법

성리학性理學

하늘이 내려준 것

북송 5자北宋五子

태극도설太極圖說

슈뢰딩거의 고양이 Schrödinger's cat

소강절邵康節 선생

주역周易 - '모든 것'의 알고리즘

다중우주 Multiverse

원회운세元會運世

공자孔子와 인의예지仁義禮智

아我와 비아非我

솔성지위도率性之謂道

성리학性理學

'나'를 찾아가는 여정의 첫 경유지는 주자(朱子)이다. 필자는 인류 역사를 통틀어 인간의 본성에 대해 가장 진지하고 심오하게 통찰한 인물은 주자라고 생각한다.

주자, 주자학, 성리학. 유교를 나라의 근간으로 삼은 조선시대에 모든 유학자가 추앙해 마지않던 중요한 인물이지만, 그래서 "주자학이 어떤 것이냐?", "주자 사상의 핵심은 무엇이냐?"라고 했을 때, 딱히 떠오르는 게 없는 것 또한 현실이다. 물론 인의예지, 삼강오륜, 조금 더 나아가 이기론(理氣論) 같은 것을 들어본 사람도 많겠지만 원체 형이상학적이고 관념적인 이야기라 쉽게 몇 마디로 설명할 수 있는 사람이 드문 것도 사실이다.

주자를 이해하기 위해서는 먼저 아주 기본적인 유교적 전통을 이해해야 하는데, 그것은 바로 '술이부작(述而不作, 옛사람(유교적인 성인)의 말씀을 써 내려갈 뿐, 내가 (인위적으로) 만들지 않는다)'이라는 것이다.

유교는 요임금, 순임금 등 몇몇 성인들의 가르침을 근간으로 하여 받들고 실천하려고 한다. 따라서 그분들의 말씀을 기록하고 거기에 주석(해석)을 달 수는 있지만 내가 따로 어떤 원리를 만들어 가르치거나 글을 쓰는 것은 어림도 없다는 겸손한 마음을 나타내는 용어라고 보면 된다.

그래서 논어, 맹자 같은 책을 보면 알 수 있듯이 공자나 맹자의 말씀을 제자들이 기록한 것일 뿐 공자나 맹자가 직접 저술한 책은 없다. 주자도 마찬가지로 주자가 직접 지은 책은 없다. 다만 논어, 맹자에 주자가 주석을 단 책, 즉 논어집주(論語集註), 맹자집주(孟子集註) 같은 책만 있을 뿐이고, 조선시대 선비들이 마르고 닳도록 읽은 책들이 바로 ○○집주(集註), ○○집전(集傳)인 것이다. 마치 무슨 '수학의 ○○'하듯이 주자가 해설한 유교 경전이 최고의 인기를 끌었더라는 이야기이다. 그리고 실제 그 책을 읽어보면 참으로 정갈한 문체와 간결하면서도 빠짐없는 내용을 통해, 주석을 단 사람의 정성스럽고도 진중한 인품이 느껴지는 듯한 인상을 받을 수 있다.

주자를 이해하기 위한 두 번째 단계는 바로 '사서삼경(四書三經)'이다. 시경(詩經), 서경(書經), 주역(周易)을 '삼경(三經)'이라 하고 논어(論語), 맹자(孟子), 대학(大學), 중용(中庸)을 '사서(四書)'라 하는데 다들 들어보았을 것이니 요점만 추리면 유교의 경전은 이보다 더 많은데 이를 추려서 '사서삼경' 체제로 만든 것이 바로 주자이다.

유교적인 성인(聖人)이 다스리던 시대의 시(詩)와 말씀, 그리고 역서(易書) 등을 모은 것이 '경(經)'이고 그보다는 아래 단계 성인(공자, 맹자)의 말씀을 모은 것은 '서(書)'하는 식으로 정말 유교스러운 구분법을 동원하여 나름 심혈을 기울여 체계를 만들어 놓은 것이다.

'술이부작', '사서삼경', 이 두 가지 원리를 이해하면 주자의 의도를 짐작해 볼 수 있다. 원래 유교의 '경(經)'은 여섯 가지가 있다고 하는데 이를 세 가지로 추리고, 공자와 맹자는 자신이 공부하는 학문의 원조(元祖)이니 절대 뺄 수 없고, 그리고 주자는 원래 '예기(禮記)'라는 경전의 한 부분이었던 것을 따로 떼어내서 두 권의 책을 만드니 그것이 바로 '대학(大學)'와 '중용(中庸)'이다. 이제 독자들도 어느 정도 느낌이 오겠지만 결국 주자는 이 두 권의 책을 강조하기 위해, 절대 빠뜨려서는 안 되는 '삼경'과 공자, 맹자를 넣어 '사서삼경' 체제를 만든 것이다.

그러면 대학(大學)은 어떤 책인가. 그것은 큰 학문, 큰 배움이란 무엇이고 어떻게 해야 도달할 수 있는가를 가르치는 책이다. 그 자체가 목표가 아니라 목표에 도달하는 방법을 가르치는 책이기에 이로써 모든 초점은 바로 '중용(中庸)'으로 향한다.

'중용'의 제1장 제1절은 다음과 같다.

천명지위성(天命之謂性),
솔성지위도(率性之謂道),
수도지위교(修道之謂教).

주자 사상의 핵심은 바로 여기에 있다. 독자 중에는 필자의 이런 장황한 논리가 너무 비약이 심한 것 아니냐고 생각할 사람도 있겠지만, 천만에 절대 그렇지 않다. 이것은 조선시대 유학자에게는 삼척동자도 아는 상식이었다. 그래서 주자의 학문을 성리학(性理學, 성(性)의 이치에 대한 학문)이라고 부르는 것이다. 바로 '천명지위성(天命之謂性)'의 한 글자, 성(性) 때문에.

도대체 이 '성(性)'이라는 것이 무엇이기에 수백 년 동안 수만, 수십만 어쩌면 더 많은 학자가 그 뜻 하나를 제대로 알아보겠다고 평생을 바쳤을까.

개성(個性), 인간성(人間性) 등등 우리가 지금도 일상에서 무수히 사용하는 그 단어 하나에 도대체 무슨 이치가 담겨있기에 '나'를 찾아가는 여정의 첫대목을 장식하게 되는 것일까.

하늘이 내려준 것

일단 '중용(中庸)'의 유래부터 약간 살펴보자. 주자는 중용을 '자사(子思)'가 지었다고 하였으며, '자사'는 '공자(孔子)'의 손자이다. 공자의 제자 중에 '증자(曾子)'라는 이가 있었고 그의 제자가 '자사'이며 '자사'의 제자가 '맹자(孟子)'이다.

'자사'가 중용을 지었다고는 하지만 이는 그의 독단적인 저작물은 당연히 아니고 자신의 스승(증자)과 집안에서 전해 내려오는 공자의 말씀을 접할 수 가장 가까운 위치에 있었기에, 그리고 그 역시 훌륭한 학자였기에 가능한 일이었을 것이다.

'자사'는 점차 어지러워지는 세상을 바라보면서 이 중요한 가르침이 사라질 수도 있다고 걱정하여 책을 지어 제자(맹자)에게 남기고 이것이 '예기'의 한 장(章)으로 남아 전하여지다가 그 많은 세월이 흐른 후에 어느 깨어있는 학자의 눈에 띄어 다시 빛을 보게 된 것이다.

天命之謂性 하늘이 명(命)한 바를 일러 성(性)이라 하며
率性之謂道 성(性)을 다스리는 것을 일러 도(道)라 하며
修道之謂教 도(道)를 닦는 것을 일러 교(敎)라 한다.

그리 어렵지 않은 문장이지만 이 속에는 너무도 많은 가르침이 담겨있어 제대로 해석하기 위해서는 그 자체만으로 많은 시간이 필요하다. 그러나 우리는 유학을 공부하려는 것이 아니니 제일 중요한 것만 추려서 알아보자.

우리가 흔히 학자들이 하듯이 "주자는 하늘이 인간에게 각기 고유한 성품을 부여하였다고 보았으며 그것을 일컬어 '성(性)'이라고 하였다."라는 식으로 담 넘어 불구경하듯이 접근한다면 이는 그저 그런 유교의 한 학설로 끝나고 말 것이다.

성리학의 영향으로 동양 문화권에서는 인간의 내면에 있는 고유의 속성을 개성, 인간성 등등 '성(性)'이라는 단어를 이용하여 표현하는 것이 너무나 일반화되어 있기 때문에 식상하게 느껴질 수도 있지만 인간이 타고 태어난 고유의 정체성에 대한 의문은 너무도 진지한 질문이라는 것을 마음에 새겨야 한다고 생각한다.

주자는 '중용'에 주석을 달고 다시 책의 맨 앞에 서문(序文, 머리

말)을 지어 자신의 생각을 내보이고 있다. 마찬가지로 요점만 추려 요약하자면 "마음(心)은 하나이나 옛사람이 인심(人心, 사람의 마음)과 도심(道心, 도의 마음, 우주의 마음)을 구분하여 말씀한 까닭은 '인심'은 사람의 몸에서 비롯된 사심(私心)에 갇혀 있고, '도심'은 성명(性命)의 올바른 근원에서 유래하여 그 뻗어 나온 것이 다르기 때문이다."라고 하였다.

이 문장을 곰곰이 생각해 보면 이는 우리가 앞에서 '운기론'을 통해 인간 개개인의 '운'과 우주의 '운'이 존재한다는 것을 배우고, 이를 '동공(動功)'을 통해 '동조(同調)'시키려 한 것과 맥이 닿아있다는 것을 알 수 있다.

일단 이 대목에서 '주자'의 가르침을 정리하자면 사람은 자신에게 부여된 '성'이 '하늘이 내려준 소중한 것'이라는 사실을 깊이 깨달아 그것을 잘 다스려서 제대로 된 삶을 살아야 한다는 것이다. 물론 '제대로 된 삶'이란 유교적 가치관에 맞는 삶을 말한다.

그런데 왜 주자는 '성'이 '하늘이 내려준 것'이라는 것을 강조하려 했을까.

우리는 이미 앞의 수행론을 통해 '우주와 인간의 연결'에 대해 사전에 배운 바가 있기에 어느 정도 수긍이 가능하지만, 지금 21세기

이 현실 속의 '내'가 '우주와의 연결'에 대해 고민한다는 것이 정말 의미 있는 일인지, 누구나 생각이 많아질 수밖에 없을 것이다.

그런데 한 가지 더 생각해야 할 것이 있다. 이 세상에는 무수한 사람들이 존재해 왔고, 존재하고 또 존재해 갈 것이다. 그리고 그 수많은 사람 중에 단 한 명도 같은 사람이 없다. 겨울날에 하늘에서 내리는 눈송이는 육각형의 결정을 지니고 있는데, 그 결정은 단 하나도 같은 것이 없다고 한다. 셈이 불가능한 그 수많은 눈송이도 하나도 같은 것이 없다는데, 사람이나 온갖 생명체는 말해 무엇하겠는가.

이러한 사실에 기초하여 '중용'의 말씀을 다시 생각해 보면, '내게 부여된 성'이 '하늘이 내려준 것'이라는 점도 중요하지만, 더욱 중요한 것은 "하늘이 사람을 포함한 이 세상의 모든 생명에게 하나도 같지 않은 개성을 내려주었다."라는 내용이 된다.

필자가 말하려는 것은, 인간의 성(性)이 '중용'의 말씀대로, 그리고 주자가 강조하여 가르치려고 하는 것처럼 '하늘이 내려준 것'이 맞다면 왜 각기 다른 '개성(個性)'을 부여하였냐는 것이다.

힌두교의 '범아일여(梵我一如)' 사상을 보면 범(梵, brahman, 브라흐만, 우주의 근본)은 거대한 바다와 같고, 아(我, ātman,

아트만, 자아)는 그 바다의 파도 혹은 물방울에 비유된다. 바다나 물방울은 모두 근본이 '물'이기에 원래 '하나(一如)'라는 것이다.

그런데 중용의 가르침은 여기에 그 '물방울'이 모두 다르게 생겼고, 그 '모두가 다름'을 '성(性)'이라는 단어 속에 응집하여 표현한 것이다.

'나'는 '나'인데 그냥 '나'가 아니라 '남과 다른 나'이다. '나'는 아무도 똑같은 이가 없는 유일한 '나'임에 틀림없는데 그럼 '나'는 우연히 생긴 것일까. 아니면 특별한 것일까.

이 문제가 정리되어야 비로소 중용의 두 번째 구절 "'성'을 통솔하는 것을 일러 '도'라고 한다."에 접근할 수 있다.

일단 우리는 왜 주자가 '성(性)'이라는 문제에 주목하게 되었는가 하는 것을 알아보자. 이는 좀 더 정확히 표현하자면 '개성이 부여된 나'에 대한 의문을 풀어보려는 것이다. 주자도 혼자 모든 것을 알아낸 사람은 아니다. 그에게도 영향을 준 사람들이 있었으며 이제 시간을 거슬러 올라가 주자가 인간의 '성(性)'에 대해 주목할 수밖에 없었던 그 뿌리를 캐보도록 하자.

유학을 공부한 사람들이 언짢아할까 봐 몇 마디 보태자면, 원래 주자의 가르침 속의 성(性)은 하늘이 명(命)한 순수함 그 자체를 말하여, 이를 일컬어 '이(理)'라 한다. 그리고 '성'이 인간에 깃들어 사심(私心)의 영향을 받은 것을 '정(情)'이라 한다. 우리가 '한국인의 정(情)'할 때 그 '정'이 바로 여기에서 유래된 말이다. 즉 하늘이 내려준 '성'에 인간적인 모습이 덧씌워진 모습이 바로 '정'인 것이며, '성정(性情)'이라는 말도 이렇게 나온 것이다. 그러나 필자는 이런 학문적인 엄밀성을 잠시 내려놓고 그것이 '성'이든, '정'이든 인간에게 부여되어 각기 '개성'을 띠게 된다는 점에서 크게 구분하지 않고 사용하였다.
'솔성(率性)'이라는 문장도 이런 관점에서 해석이 달라질 수 있는데 '성'을 순수한 '이(理)'로 보면 이는 이끄는 대상이 아니라 본받아야 하는 대상이 되어 '성를 따른다'라고 해석하기도 한다.

북송 5자北宋五子

소옹(邵雍, 호는 강절(康節), 1011~1077),

주돈이(周敦頤, 호는 염계(濂溪), 1017~1073),

장재(張載, 호는 횡거(橫渠), 1020~1077),

정호(程顥, 호는 명도(明道), 1032~1085),

정이(程頤, 호는 이천(伊川), 1033~1107)

이분들은 말 그대로 북송(北宋) 시대 다섯 명의 저명한 유학자를 말하며, 모두 주자(1130~1200)에 큰 영향을 미쳐 주자가 존경해 마지않았던 사람들이다. 참고로 주자는 남송(南宋) 시대의 인물이다.

이 다섯 분은 비슷한 시기에 서로 교류하거나 스승, 제자 관계로 연결되어 있으며, 모두 유가(儒家)의 선비답게 깊은 공부와 성실한 저술 활동을 통해 그 가르침을 주자에게 전달하였다. 생몰연대를 보면 알겠지만, 주자는 이분들과 생전에 만날 기회는 없었으며 오직 글을 통해 정신적 교류를 이어 나갔다.

다들 중요한 인물이지만 그래도 특별히 의미 있는 인물을 꼽으라면 바로 두 사람, 소옹(이하 소강절이라 함), 주돈이(이하 주렴계라 함)를 들 수 있는데 이들의 사상은 매우 독특한 면이 있다.

논어(論語)나 맹자(孟子)를 접해본 사람은 알겠지만 주자 이전의 유학은 이론적인 체계에 대한 설명이 조금 부족한 감이 있었다. 물론 주역(周易)이라는 독보적인 우주관을 갖고 있지만 이는 일반인에게는 접근조차 불가능한 저 너머의 세계이고, 좀 더 쉽고 간결하게 접할 수 있는 이론이 많지 않았다.

인의예지(仁義禮智), 삼강오륜(三綱五倫)은 그 자체로 훌륭한 가르침이지만 그것은 공자 시대의 사람들 수준에 맞는 내용일 뿐, 그 뒤로 수백 년이 흘러 그동안 발달한 인문(人文)의 수준에는 미흡한 점이 많았고, 그것이 송나라 시대에 이르러 '성리학'이 화려하게 꽃핀 이유이다.

일단 주렴계는 일반인에게도 어느 정도 알려진 태극도설(太極圖說)의 지은이다. 태극도설은 흔히 '태극도'에 대한 '설명'으로 이해하기 쉬우나 그 본뜻을 제대로 살피자면 '태극'을 '그림으로 설명(圖說)'한다는 의미로 보는 것이 맞다.

'태극(太極)'은 주역에 등장하는 것으로 학자들이 '주역의 총 결론은 태극'이라 할 만큼 중요한 개념인데 그동안 전혀 볼 수 없었던 특이한 그림을 들고나와 태극(太極)과 오행(五行), 남녀(男女)와 만물(萬物)의 화생(化生)을 이야기하고 있다.

이 그림이 주자에게 미친 영향은 엄청났다. 주자는 친구인 여조겸(呂祖謙, 1137~1181)과 함께 '근사록(近思錄)'이라는 책을 만드는데 그 책의 맨 처음에 등장하는 것이 바로 주렴계의 태극도설이다.

'술이부작(述而不作)'을 지키는 주자가 자신의 사상서를 썼을 리는 없고, 바로 자신에게 영향을 준 이 '북송오자'의 글을 모아 편찬

한 것이 이 '근사록'인데 이는 '절문근사(切問近思, 간절하게 묻고 늘 가까이 생각함)'라고 하는, 필자도 개인적으로 참 좋아하는 문장을 책 이름으로 삼은 것이다.

독자들도 어떤 의문이 생기면 그에 관한 생각이 머릿속을 떠나지 않고 밤이나 낮이나 주변을 맴도는 경험이 있을 텐데, 이것이 바로 '근사(近思)'이다. 주자의 머릿속을 떠나지 않고 항상 가까이 품었던 생각들을 모아 책을 만들었는데 그 첫머리가 바로 태극도설이니 그 중요성을 짐작할 수 있다. 그러면 '태극도설'은 도대체 어떤 내용을 담고 있기에 주자의 생각, 더 나아가 성리학의 뿌리가 될 수 있었을까.

태극도설太極圖說

공자(孔子)는 스스로 세운 '술이부작'이라는 원칙에 갇혀 주석을 달 뿐, 아무런 책도 쓰지 않았기에 되려 후대 사람들이 유학을 이해하는 데 많은 어려움을 겪게 했다. '대학'과 '중용'이라는 책이 공자 당대의 말씀을 근간으로 편찬되었다는 것은, 말씀이 사라질 것을 너무도 안타까워했던 '자사'의 결단(?)으로 인해 벌어진 일이지만, 이미 공자 당대에 학문의 체계가 다 이루어져 있었음을 보여 주는 것이다.

이런 유학자들의 형식에 얽매인 '고지식함'은 현시대 동양 문화의 침체와 무관할 수 없기에 안타까운 생각을 감출 수 없다.

반면에 주렴계 선생은, 그리고 소강절 선생도 그런 차원에서 보면 담대한 인물이다. 각기 '태극도설'과 '황극경세서(皇極經世書)'라는 저작을 남겼기에 주자에게도 영향을 끼치고, 지금 이렇게 동양학의 깊이 있는 내용을 소개하는 데 쓰이고 있지 않은가.

주렴계 선생은 우연한 기회에 '한상역도(漢上易圖)'라는 그림을 입수하게 되고 이것을 연구하여 태극도를 그리게 된다. '우주변화의 원리'의 저자인 한동석 선생은 이 '한상역도'가 '진단'이라는 사람이 '충방'이라는 사람에게 가르치고, '충방'이 '목수'에게 '목수'가 주렴계 선생에게 전하는 과정을 겪었다고 설명하고 있다.

'태극도설'의 핵심만을 정리하자면, 일단 태극도설의 제일 첫 문장, 무극이태극(無極而太極)에서 제시된 '무극(無極)'이라는 개념이 가장 중요한데 그림에서 제일위에 그려진 하얀 동그라미 그림이 상징하는 것이 바로 '무극'이다.

'무극'이라는 개념은 주렴계 선생이 최초로 제시한 것으로, 일반

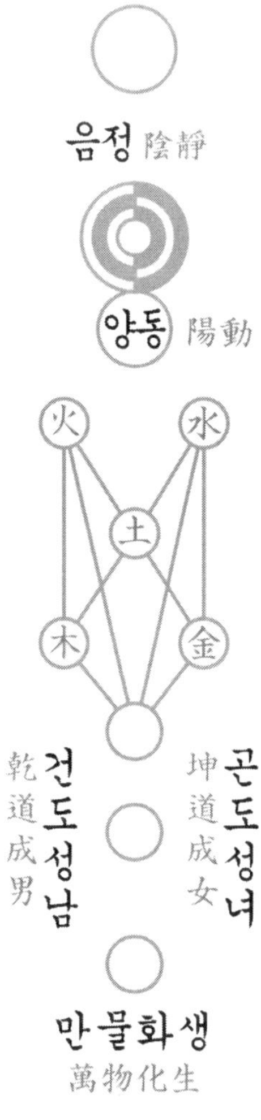

한상역도

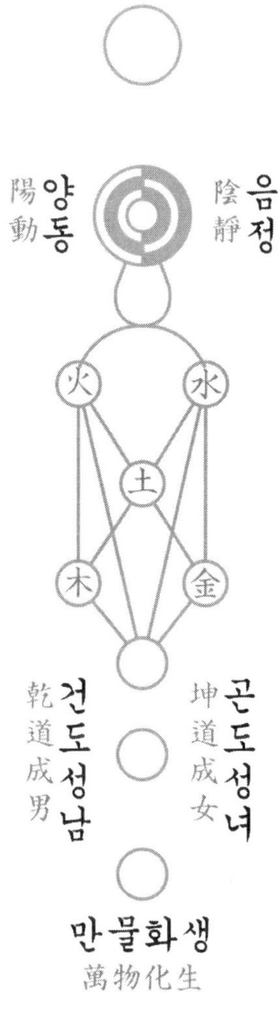

주렴계의 태극도

인이 쉬이 깨우칠 수 있는 내용은 아니다. 그러나 그냥 넘어갈 수도 없어서 아래에 별도로 설명을 붙였다. '숨 쉬는 법' 하나 배우려다가 동양의 '무극', '태극' 세계에까지 끌려온 독자들에게 미안한 일이지만 충분히 상식적으로 이해되도록 설명할 테니 인내심 가져주기를 바란다.

다음으로는 주렴계 선생이 고쳐 그린 부분 즉, 두 그림의 차이를 주목해야 하는데, 한상역도는 '무극'에 음정(陰靜, 음은 가라앉음), 그리고 그 밑의 흑백이 칠해진 원(이것이 '태극'을 상징한다)에 양동(陽動, 양은 움직임)이라고 하였는데 주렴계 선생은 '태극' 좌우에 '양동', '음정'을 배치하였다.

즉, '한상역도'는 '무극'은 '음정', '태극'은 '양동'의 속성을 지닌다고 보았는데, 주렴계 선생은 '무극'에는 아무런 역할도 부여하지 않고, 오직 '태극'이 '양동', '음정'의 모든 역할을 하는 것으로 표현하였다. 주렴계 선생이 이렇게 그림을 그린 까닭도 마찬가지로 아래에 설명하니 그때 보기로 하자.

다만, 한 가지 아쉬운 점은 이렇게 주렴계 선생이 그림까지 그려가면서 '무극'에 아무런 역할을 부여하지 않았는데도 굳이 주자는 이 '무극'에 '이(理)'라는 의미를 부여하면서, 우리가 익히 알고 있는 '이기론(理氣論)' 논쟁의 실마리가 주어지고 만다.

'근사록집해'를 역주(譯註)한 성백효 선생은 해설문에서 주자가 원래 '무극위태극(無極爲太極, 무극이 태극이 되었다)'이던 문장을 '무극이태극(無極而太極, 무극이 곧 태극이다)'으로 고쳐 적었다고 밝히고 있는데, 이 역시 '무극'에 '이(理)'라는 의미를 부여하기 위한 의도였을 것이다.

물론 '이기론'이 주자 혼자만의 독창적인 논리는 아니다. 앞서 설명한 북송오자, 주로 정이천, 정명도의 학문에서 많은 영향을 받았는데 아쉽게도 주렴계 선생의 의도와는 다른 것이 되었고 이렇게 논쟁의 여지가 있는 내용은 결국 조선시대 학문적 논쟁의 주 재료가 되어 우리가 아는 '당쟁(黨爭)'으로 번져가게 된다.

다시 '태극도설'의 이야기로 돌아가서 보면, 주렴계 선생은 '한상역도'와 다르게 '태극'에서 선을 그려 '수(水)'와 '화(火)'로 이어지게 하였다. '태극'에서 '수', '화'로 이어진 선, 그저 선 한 줄을 그었을 뿐이지만 이 선이 바로 '하늘이 인간에게 내려준 성(性)'을 상징하는 것이며, 우리가 수행론에서 우주의 '운'과 인간의 '운'이 이어져 있다고 하는 것도 마찬가지로 이런 선으로 표현될 수 있을 것이다.

그저 감상적으로 "인간과 우주(태극)는 이어져 있다."라고 하는 것이 아니라 선생은 학문적 성찰을 통해 "인간과 우주가 이어져 있을 수밖에 없고 또 끊임없이 교류하고 있다."라고 알려주려 한 것이다. 필자도 여러분이 수행을 통해 주렴계 선생의 가르침대로 자신이 '홀로 있는 존재'가 아니라 '온 우주와 연결된 존재'라고 느낄 수 있기를 바라기에, 이 책을 지은 것이다.

마지막으로, 주렴계 선생이 유가(儒家)에서는 잘 사용하지 않는 오행(五行, 목화토금수)의 개념마저 과감히 도입하여 인간과 우주의 관계를 설명하고 있는 점은 선생이 매우 '열린 마음'을 지니고 있었음을 짐작게 하는 대목인데 이는 나중에 '유가(儒家)'와 '음양가(陰陽家, 음양오행을 위주로 연구하는 학파)'의 차이를 소개할 때 다시 언급하기로 하자.

슈뢰딩거의 고양이 Schrödinger's cat

프리초프 카프라(Fritjof Capra)가 지은 '현대물리학과 동양사상(The Tao of Physics)'은 첨단을 달리는 현대물리학의 세계관과 고대 동양의 정신세계가 많은 유사점을 지니고 있음을 다루어 세계적인 인기 도서가 되었다. 물론 그의 동양 정신세계에 대한 이해가 주로 '신비주의(mysticism)'에 치우쳐 '주역'이나 '음양오행'의 근처에도 가지 못했다는 점은 아쉬움으로 남지만 양자역학으로 대변되는 현대물리학의 세계관이 동양 사상의 이해에 도움이 될 수 있다는 새로운 시각을 제시했다는 점에서 그 의미는 절대 가볍지 않다.

그렇다. 필자는 '무극'과 '태극'이라는 개념을 현대물리학, 특히 양자역학의 도움을 받아 설명해 보려 한다.

일단 '무극'과 '태극'의 일반적인 개념부터 한번 알아보자. 먼저 태극은 '상대적으로 존재하는 원리 그 자체'를 말한다. 이 우주의 작고 작은 세계에서부터 거대한 천제에 이르기까지 상대적으로 존재하지 않는 것은 없고, 그렇게 되는 우주의 마음을 일컬어 '태극'이라고 한다. 앞서 '주역(周易)의 총 결론이 태극'이라고 하는 것도 결국 물질뿐만 아니라 시간, 공간 그리고 그 안에서 일어나는 모든 사건(event)이 다 상대적으로 존재한다는 의미이다.

'무극'은 주렴계 선생이 제시했듯이 태극의 본원, 즉 바탕이며 따라서 우주의 모든 것을 포함하여 시간과 공간 그리고 그 안에서 일어나는 모든 사건을 초월하여 존재하는, 그러면서도 아무것도 존재하지 않는 그 어떤 것을 말한다. 그저 말장난처럼 들리는 이런 표현들이 어떻게 의미 있는 개념으로 변화하는지 한 번 살펴보도록 하자.

20세기 초반에 양자역학(量子力學, quantum mechanics)이라는 새로운 물리학 이론이 대두되었다. 이는 물리 세계를 설명하던 고전역학이 한계에 봉착함에 따라 그 대안으로 제시된 것인데 그 대상인 양자(量子)의 모습을 연구해 가면 갈수록 더욱 이해할 수 없는 수학적인 계산들이 튀어나오자, 학자들은 혼돈에 빠졌고, 심지어 편이 나뉘어 상대의 연구를 비판하였다.

대표적인 것이 바로 '슈뢰딩거의 고양이'이다. 덴마크 코펜하겐 대학교에서 양자역학을 옹호하는 학자들이 발표한 '코펜하겐 해석'에 대하여 반대하는 견해이었던 슈뢰딩거는 "여러분 저들이 이런 이야기를 합니다. 이게 말이 됩니까?"라는 심정으로 다음과 같은 사고실험(thought experiment, 생각으로만 진행하는 실험)을 제시하였다.

짧게 요약하여 설명하자면, 불투명한 상자 안에 고양이를 가두고 정확히 확률이 반반인 장치를 만들어 한 시간 안에 작동하도록 했을 때, 장치가 작동하면 독이 든 병이 깨져 고양이가 죽고, 장치가 작동하지 않으면 고양이가 사는 실험을 진행한다. 한 시간 뒤에 상자를 열면 고양이는 죽어있거나 살아있거나 한 가지 경우만 있을 것이다.

그런데 '코펜하겐 해석'은, 양자역학의 세계에서는 상자를 열기 전까지 고양이는 죽지도 살아있지도 않은 양자중첩(量子重疊, quantum superposition) 상태에 있어 오직 상자를 열었을 때만 생사가 결정된다는 것이다. 중첩(重疊)이란 겹쳐있다는 뜻이다. 상자를 열기 전의 고양이는 살아있는 상태와 죽은 상태가 겹쳐있다고 하여 이런 표현을 쓰는데 이게 무슨 귀신 씻나락 까먹는 소리일까.

우리의 상식은 상자를 여는 것과 상관없이 고양이는 이미 죽었거나 살아있는 것이 결정되어 있다. 그런데 양자역학의 세계에서는 다시 말해 물질을 이루는 그 근본적인 세계로 깊이 들어가면 갈수록 이와 같이 이해할 수 없는 현상이 발견되더라는 것이다. 이것은 이미 과학적으로 증명되어 슈뢰딩거의 바람과는 반대로 지금 그의 사고실험은 양자역학을 이해하는 가장 대표적인 예시로 사용되고 있다.

양자역학을 소개하는 데 많이 인용되는 또 하나의 사례로 '이중

슬릿 실험(Double-slit experiment)'이라는 것이 있다. 길고 좁은 틈(slit)을 두 개 만들고 그곳으로 전자(電子)를 한 개씩 발사하여 통과시킨 뒤 그 전자의 궤적을 통해 전자의 입자성과 파동성을 연구하는 실험인데 앞서 슈뢰딩거의 사고실험처럼 전혀 예상하지 못한 상황이 관찰된 것이다.

그 하나는 '하나'의 전자가 '두 개의 틈'을 '동시에 통과'하는 것이고, 또 하나는 관찰하지 않을 때와 관찰자가 있을 때 서로 다른 결과를 보여준다는 것이다.

이 두 가지 사례는 워낙 유명해서 인터넷을 뒤지면 넘쳐날 정도의 정보가 나오니 구체적인 것이 궁금한 사람은 참고하기를 바란다.

저명한 물리학자인 파인만(Richard Feynman)은 양자역학은 우리의 일상 경험과는 근본적으로 다른 성격을 가지고 있어서 예전의 사고방식으로는 제대로 이해할 수 없다고 하였다. 그리고 필자는 이것이야말로 동양의 정신세계를 제대로 이해할 수 있는 중요한 과학적인 근거를 제시해 주었다고 생각한다.

하나의 전자가 두 개의 틈을 동시에 통과한다는 것은 '양자중첩'을 말하는 것이고, 슈뢰딩거의 실험도 상자를 여는 행위, 즉 관찰자의 등장이 중요한 변수가 된다는 것을 알 수 있다.

우리는 중첩 상태의 고양이, 즉 죽지도 살아있지도 않은 고양이를 '볼' 수는 없다. '보는' 순간 그 상태는 깨져버리고 고양이는 죽거나 살아있는, 한 가지 결과로 귀결되기 때문이다.

물리 세계를 연구하는 학자들은 이것을 '대상'과 '관찰자'라는 표현으로 구분했지만, 이를 동양학을 공부하는 사람에게 묻는다면 이것이 바로 상대적으로 존재하는 세계, 즉 태극의 본 모습이라고 할 것이다.

동양학에서 가르쳐왔던 대로 이 모든 세상은 상대적으로 존재하기에, 어느 한 상태가 있으면 상대적인 상태, '관찰자'라고 불렀던 '상대'가 존재할 수밖에 없다. 그런데 이렇게 '대상'과 '관찰자'라는 구분에 얽매이지 말고 '대상'의 관점에서는 '관찰자'야말로 '대상'이 될 수 있다는 점을 생각한다면 모든 현상계, 다시 말하여 볼 수 있고 보일 수 있는 세계라는 것은 이렇게 상대적으로 존재해야 하고, 더 정확히 말하자면 상대적으로 존재해야만 이런 보고 보이는 세계가 만들어질 수 있는 것이다. 이것이 바로 '태극'의 세계관이다.

그리고 조금 더 깊이 생각하여 만약에 '모든 것의 중첩 상태'가 있다면 어떨까. 고양이의 중첩 상태는 살거나 죽는 두 가지 경우만

이 있었지만, 이것을 확장해 상대적으로 존재하기 이전의 상태, 즉 관찰자가 존재하지 않는 상태에서 모든 것이 가능한, 모든 것이 중첩 상태에 있는 그런 상태가 있다면 그것은 주렴계 선생이 제시한 '무극'과 상당히 같은 것이라 할 수 있다.

'무극'은 '태극'의 본원, 즉 바탕이라고 하였다. 상대적인 '태극'의 세계 이전에 '그저 아무것도 없었다'라고만 할 것이 아니라 '모든 것이 중첩 상태에 있는 경우'를 상상해 보면 무언가 실마리가 잡힐 것 같지 않은가.

그 상태에서는 '태극'의 세상이 펼쳐지기 전까지 있어도 있는 것이 아니고 그렇다고 없는 것도 아닌, 현실의 모든 상상과 추론이 닿을 수 없는, 왜냐하면 그런 행위는 바로 '관찰자의 행위'이므로 그런 행위를 초월하여 존재할 수밖에 없는 그런 어떤 상태를 '무극'이라고 생각해 볼 수 있다.

'무극'의 상태에서는 '시간'과 '공간'이 존재할 수 없다. 왜냐하면 그것은 모두 상대적인 것이기 때문이다. 그래서 아무런 일(event)도 일어나지 않는다. 블랙홀의 중력이 모든 것을 끌어당기기 때문에, 어느 경계선을 넘어서면 아무런 정보도 얻을 수 없는 범위가 존재하는 데 이를 '사건의 지평선(Event Horizon)'이라 한다는 것은 많이들 알고 있을 것이다.

마찬가지로 '무극' 상태에서는 '사건'이 일어나지 않기 때문에 '무극' 전체가 사건의 지평선으로 둘러싸여 있는 셈이라고 할 수 있다. 그래서 주렴계 선생은 '무극'을 하얀 동그라미로 묘사해 놓고 '한상역도'와는 다르게 '음정'이라는 '어떤 역할'을 부여하지 않았다.

'우주변화의 원리'에서 한동석 선생은 '무극'의 동그라미 아래의 태극과 오행 그리고 이어진 모든 그림을 동그라미 형태로 그린 것은 이 모든 것이 '무극'을 바탕으로 하고 있다는 주렴계 선생의 가르침이라고 하였다. 모든 현상계라는 것은 '가능성'만 가득한 세계를 바탕으로 하고 있으므로 우리는 언제나 그 바탕 위에 서 있다는 심오한 철학적 성찰을 담고 있는 이야기라 할 수 있겠다.

이런 해석을 놓고 보면, 앞서 필자가 언급했듯이 '무극'에 '이(理)'라는 가치를 부여한 주자의 해석이 너무 아쉽다. 그러나 다시 생각해 보면 '양자중첩'과 같은 상태를 상상하기 힘들었을 그 옛날의 사람들에게 '무극'은 감을 잡기 어려운 개념이 아닐 수 없고, 그럼에도 불구하고 '태극'이라는 상대적 세계와 그 근원이 되는 '무극'이라는 절대적 세계를 철학적으로 정립시킨 주렴계 선생이야말로 그 정신적 깊이에 절로 고개가 숙여지지 않을 수 없다.

소강절邵康節 선생

소강절 선생은 신비로운 인물이다. 주자는 그를 '북송오자'의 한 사람으로 넣어 추앙하였음에도, 주렴계 선생의 '태극도설'을 대하는 태도와 달리, 앞서 언급한 '근사록'에 소강절 선생의 글은 없다. 정말 간간이 주자의 여러 다른 글에 비칠 뿐이다. 여러분들도 인터넷에 소강절이라는 인물을 검색해 보면 그에 관한 신비로운 이야기를 쉽게 접할 수 있을 정도로 유명하면서도 막상 그의 학문을 이해하고 평가할 만한 내용이 없다.

필자가 그에 대해 이야기하는 것도, 그의 학문을 이해해서가 아니라 적어도 그가 무엇을 이야기하려는지 충분히 짐작되기 때문이며, 그것은 동양학의 세계관, 나아가 이 '우주 안에 존재하는 모든 것'의 피할 수 없는 '숙명(宿命)같은 어떤 것'을 담고 있기 때문이다.

소강절 선생의 모든 철학은 '주역'을 기반으로 한다. 그리고 '주역'의 여러 측면에서도 '수리(數理, 셈을 하는 이치)'를 중심으로 논리를 전개하기 때문에 그의 철학을 수리철학(數理哲學), 또는 상수철학(象數哲學)이라고 한다.

선생이 어떤 방식으로 논리를 전개하는지 실마리라도 보여주기 위하여 글을 소개한다.

> 태양(太陽)의 수는 10이고, 소양(少陽)의 수도 10, 태강(太剛)의 수도 10, 소강(小剛)의 수도 10이다. 이들을 합하면 40이다. 태음(太陰)의 수는 12, 소음(少陰)의 수도 12, 태유(太柔)의 수도 12, 소유(少柔)의 수도 12이다. 이들을 합하면 48이다. 4에 40을 곱하면 160이 되고 4에 48을 곱하면 192가 된다. 160에 192를 곱하면 30,720이 되는 바, 이것이 '동식물의 전수(全數)'이다. 160에서 태음, 소음, 태유, 소유의 체수(體數) 48을 빼면 112가 된다. 192에서 태양, 소양, 태강, 소강의 체수 40을 빼면 152가 된다. 이는 '동식물의 용수(用數)'이다. 112에 152를 곱하면 17,024가 되고, 17,024에 17,024를 곱하면 289,816,576이 되는데 이것이 '동식물의 통수(通數)'이다.
>
> \- 황극경세서

이런 '셈'의 방법을 어떻게 이해할 수 있겠는가. 그러나 앞서 이야기했듯이 내용을 이해하지는 못해도 왜 이런 식으로 '셈'을 하는지는 알 수 있다. 그리고 이를 위해서는 '주역'의 세계를 약간 알아야 한다. '주역'이 보통 사람에게 쉬이 접근할 수 있는 대상이 아닌

것은 맞지만, 정확히 말해서 '주역'의 그런 어려운 부분을 빼면 그 원래 취지는 그리 어려운 것이 아니다.

주역周易 - '모든 것'의 알고리즘

'주역'을 보면 이런 그림이 꼭 있다.

'태극'에서 시작하여 '음', '양'(이것을 양의(兩儀)라 한다), 태음, 소양, 소음, 태양의 사상(四象), 이어서 '팔괘'로 전개되는 그림이다.

이 그림에서 '음', '양'이란 하나의 '선택'이다. '음'을 선택한 후에 또 '음'을 선택하면 '태음'이 되고 다시 또 '음'을 선택하면 '곤

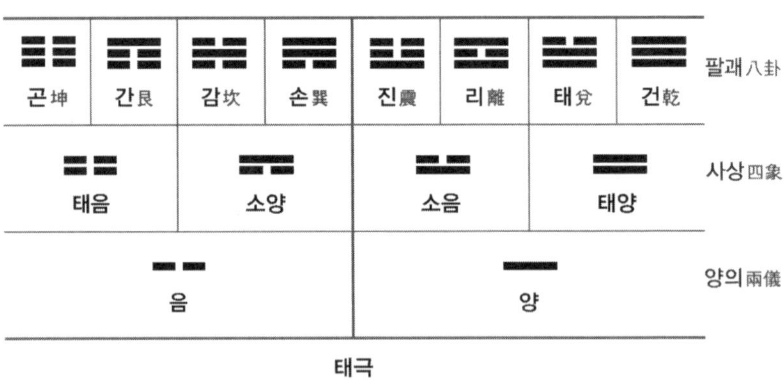

(坤)'이 된다.

이러한 3번의 선택은 8가지 경우의 수가 있고 그래서 팔괘(八卦)가 완성된다.

그림에서 알 수 있듯이 '양'은 하나의 선(▬▬▬)으로 표현되고 이를 '양효(陽爻)'라 하며, '음'은 두 개의 짧은 선(▬ ▬)으로 표현되고 이를 '음효(陰爻)'라 한다.

만약 선택을 6번으로 늘리면 총 64가지의 경우가 완성되고 이를 64괘(卦)라 하며, 주역은 이에 64괘에 대한 해석이 담겨있는 책이다.

요즘 알고리즘(algorithm)이라 하여 컴퓨터 프로그램에서 어떤 상황이 주어질 때, 특정한 일(연산)을 수행하도록 하여 그 문제를 해결하는 방법이 많이 알려져 있는데, '주역'의 이러한 방법론은 '모든 상황'에 대한 '모든 대응'이라고 표현할 수 있다.

한 사람의 인생에 6번의 선택만이 주어질 리는 없지만, 그 사람의 인생에 중요한 영향을 준 6번의 선택을 고르라고 하고, 그 선택에 각기 '음'과 '양'의 속성을 부여하면 그 사람의 인생 전체가 하나의 '괘'로 표현될 수 있다.

그리고 그렇게 인생 전체를 조망했을 때, 만약 3번째 선택에서

'양'이 아닌 '음'의 선택을 했었더라면 어떤 결과가 나왔을지 궁금하다면 바로 3번째 효(爻)를 양에서 음으로 바꾼 괘를 얻을 수 있는 것이다.

그럼 이렇게 64괘 다시 말해 64가지 경우의 수로 인간의 인생을 모두 알 수 있을까. 이론적으로는 효를 더 그려 128괘, 256괘, 512괘도 만들 수 있다. 실제로 이런 해석을 시도했다는 이야기도 있다. 그러나 그 결과는 너무 번잡스러워 현실적인 효용성이 떨어지더라는 것이다.

요즘 유행한다는 MBTI를 보아도, 단지 16개의 유형만 가지고도 충분히 활용될 수 있는 것은 각 지표의 미세한 차이를 인간은 알아서 새겨서 해석할 수 있기 때문이다.

주역의 64괘는 각기 6개의 '효'가 있으니 총 384개의 '효'가 있고, 이 각각의 효에 대해 그 의미를 적어 놓은 것(이것을 '효사(爻辭)'라고 한다)을 읽으면 되는데, 이 효사나 각 괘에 대한 설명이 너무 어렵게 적혀 있다. 도저히 이해하기 어려운, 알 듯 말 듯한 내용투성이라, 원래 그렇게 적을 수밖에 없는지 아니면 너무 중요한 내용이라 일부러 어렵게 했는지 알 수 없지만 그래서 주역이 난해한 경전의 대명사가 되었을 뿐, 그 취지는 하나도 어렵지 않다.

하루를 단위로 6번의 선택을 고를 수 있다면 하루의 '괘'를 뽑아낼 수 있다. 어떤 단위를 선택하느냐의 문제일 뿐이다.

옛날에 임금이 적국과 전쟁을 치르려 하는데 그것이 이로운지(길(吉)한지), 해로운지(흉(凶)한지) 알고 싶어서 주역을 안다는 사람에게 물었다. 그것을 안다는 것은, 다시 말해 한 괘를 뽑아낼 수 있다는 것은 '모든 것의 흐름'을 안다는 의미인데 일개 인간이 어찌 그런 것을 알 수 있겠는가. 그래서 그가 대답하기를 "이것은 나라의 운명을 바꿀 수도 있는 큰 일이니, 이것은 하늘에 물어야 합니다."라고 하였다. 그래서 '점(占)'이 나오게 된 것이다.

거북이 등껍질을 태워서 나오는 무늬를 보고 '괘'를 추정해서 길흉을 따지고, 온갖 난리를 피워댔지만, 그런 것이 맞을 리가 있겠는가. 중국 역사서를 봐도 점을 쳤다는 기록은 많지만, 점괘대로 일이 되었다는 기록은 볼 수 없고, 결정적으로 이제 그런 문화는 남아있지 않다는 것이 모든 것을 말해준다.

그래서 '주역'은 볼 줄 아는 사람이 보아야 하는 책이고, 따라서 아무도 못 보는 책, 봐도 아무도 모르는 책이 된 것이다.

'주역'이 이렇게 흘러가는 현상을 몇 개의 효의 조합으로 바꾸는 것을 현대적인 의미로 보면 아날로그(analog)적인 흐름을 디지털

화(digitize)하는 것이다. 그리고 의미 있는 선택만을 뽑아낸다는 것은 기계적인 추출이 불가능하고 오직 인간만이 할 수 있다는 점도 눈길을 끄는 대목이다.

또 하나 64괘에는 '건(乾)'괘가 있는데 이는 오직 6개의 양효로만 이루어진 괘이다. 그래서 우리나라 태극기를 통해서 익히 알려져 있듯이 '하늘'을 상징하는 괘인 것이다. 이런 괘는 사람의 인생에서는 나오지 않는다. 그래서 이런 경우는, 즉 하늘 아래 동식물을 다룰 때는 빼야 하는 것이다.

그러니까 소강절 선생은 이런 모든 현실적 경우의 수를 고려하여 동식물이라 표현한 '모든 생명체'가 존재할 수 있는 경우의 수를 세었다는 소리가 된다.

소강절 선생의 계산이 맞는지 틀리는지 알 수도 없고, 증명할 방법도 없다.

그러나 이런 선생의 '계산'을 통해 아주 중요한 몇 가지 철학적인 의미를 알 수 있으며, 지금까지 이렇게 재미없는 이야기를 길게 늘어놓은 것도 결국 이 이야기를 하고자 함이다.

다중우주 Multiverse

이 우주는 동양에서 음, 양이라 부르는 상대적인 분화(分化)를 거쳐 현재에 이르렀다. 쪼개져도 '분화'이고, 합쳐져도 '분화'이다. '합치는 것'과 '합치지 않는 것' 또한 하나의 선택이기 때문이다. 소강절 선생이 가능한 경우의 수를 뽑은 다음 다시 이들을 곱하는 것은, 이들 각각의 경우가 결합하여 발생할 수 있는 '모든 경우', '모든 가능성'을 세었다는 의미이다.

왜? 그것은 이 '우주'라는 것이 '모든 가능성'을 제공하는 존재라는 것을 알았기 때문이다.

주역이 최적화(最適化, optimizing)를 위해 64괘에서 멈춘 것은, 인간의 정신이 거기까지만 감당할 수 있기 때문이지만, 이 대자연은 그럴 필요도 없고 오히려 어떻게 해서든 '모든 기회'를 주기 위해 노력하고 있다는 것이다.

인간을 예로 들어보면, 인간은 누구나 소중하고 특별한 존재이지만 인류 전체라는 관점으로 보면, 지금도 지구 어딘가에서 분 단위 초 단위로 생명이 태어나고 있고, 또 그 생명 하나하나는 모두 다르게 태어나고 있다. 그리고 이것을 '성(性)'이라 부른다고 했다.

그러니까 생년월일은 일종의 제품번호와 같은 것이다. 생년월일이 같다면 분 단위, 초 단위로 구분해서라도 각각의 '성(性)'은 다르게 나타난다. 이렇게 남과 다른 기회, 남과 다른 선택, 다시 말하면 오직 나에게만 주어진 기회, 그리고 나만이 할 수 있는 선택, 그것이 바로 '성'이다.

요즘 헐리우드 공상과학 영화에서 심심하면 등장하는 다중우주(Multiverse, 우리 우주 외에 다른 우주들이 존재한다는 이론)는 주인공의 어느 선택을 따라 모든 다중우주가 펼쳐지니, 그런 식이라면 어마어마한 수의 다중우주가 존재해도 모자랄 판이지만, 인간의 '성' 역시 그런 일종의 선택으로 인해 다양한 분기가 이루어지는 것이 맞다면, 이것이 바로 진정한 '다중우주'가 된다.

내가 예전에 했던 어떤 아쉬운 선택, 만약 그때 다른 선택을 했더라면 어땠을까 하는 질문의 답이 바로 이 지구 위의 다른 누군가에 의해 실현되고 있는 셈이다. 바로 내 옆을 보면 어느 순간 어떤 상황의 갈림길에서 각기 다른 선택을 한, 그래서 생김새, 취향, 행동 모든 것이 달라진 결과물이 살고 있는 셈이며 그래서 동양에서는 인간을 '소우주(小宇宙)'라고 한다. 결국 소우주란 다중우주라는 말의 동양적 표현인 셈이다.

지금까지의 이야기를 들은 사람은 누구라도 이렇게 물을 것이다. 왜 이렇게 '온갖 종류', '모든 종류'의 사람을 내어놓는 것인가요? 이렇게 '모든 경우'를 탄생시키는 것이 무슨 의미가 있는 것인가요?

여러분은 이런 질문에 어떻게 대답할 것인가? 사실 이런 질문은 그저 좋은 대답을 듣기보다는 혼자 생각하는 과정을 통해 스스로 깨달음을 얻는 것이 더욱더 보람 있는 일이다.

인간이 소우주라는 말은 인간은 우주의 분신(分身)이라는 뜻도 되고, 따라서 이런 '분신'들이 모여 하나의 우주를 이룰 수 있다는 말로도 이어질 수 있다. 각각의 소우주는 모여서 '온 우주', 다른 말로 '온 누리'를 이룰 수 있다.

물론 그저 사람들이 모인다고 '온 누리'가 만들어지지는 않을 것이니 이 질문에 대한 답을 찾기 위해서는 좀 더 알아야 할 소강절 선생의 가르침이 있다.

원회운세元會運世

소강절 선생은 360이라는 원(圓, circle)의 한 바퀴 주기를 기반으로 다시 여기에 360을 곱하여 129,600이라는 주기를 만들어 이를 '원회운세(元會運世)'라 이름 지었다.

이제 조금 익숙해졌을는지 모르겠는데, 소강절 선생의 이런 셈법은 360이라는 하나의 '완전한 순환'이 다시 그 순환을 포함한 더욱 거대한 '완전한 순환'을 만나 '모든 시간의 순환'을 셈해 보려는 것이다.

원회운세의 세부적인 내용은 인터넷을 뒤져도 다 나오니 그것을 참고하기 바라며, 지금은 숫자보다는 그 의미에 더욱 주목해야 한다.

시간이 순환한다는 것은 무엇을 의미하는가.

'하루'라는 시간을 보면 아침, 점심, 저녁, 밤을 거쳐 다시 새로운 하루가 시작된다. 이런 식으로 일주일, 한 달도 매번 반복되며, 이들이 모여 1년이라는 거대한 순환의 주기를 만든다. 이런 관점에서 순환이라는 것은 매번 반복되지만, 한 번도 똑같이 반복되지는 않는다.

다시 말해 '모든 것'은 항상 변화하지만 그 변화하는 틀은 절대 변하지 않는다. 그러니 당연히 그 변화하지 않는 것에 주목해야 하고, 그것을 동양에서는 크게 4단계로 구분하였다.

시간의 틀 속에서 일(사건, 현상, 운동 등)의 발생, 즉 시작 단계, 그리고 본격적으로 일이 전개되는 단계, 그리고 일이 수렴되는 단계, 그리고 완전히 수렴된 단계.

이것을 다른 식으로 생각해 보면 세상 모든 일에는 '때'가 있다. 아침은 영원히 지속되지 않기에 우리는 아침에 해야 할 일은 아침에 해야 한다. 여름도 영원히 지속되지 않으므로 여름에 해야 할 일은 여름에 해야 한다. 젊음도 영원히 지속되지 않기에 젊을 때 해야 할 일은 젊을 때 해야 한다.

이렇게 '때'에 맞춰 벌어지는 일, 또는 그런 일의 성격을 개념화한 것이 바로 음양오행(陰陽五行)이고, 주역의 64괘인 것이다. 주역의 괘가 6가지의 선택을 의미하고, 또 그 선택은 당연히 시간을 타고 전개되기에 과거의 일을 종합하여 미래의 일을 알고 싶은 마음이 주역을 결국 '점치는 책'으로 내몰게 된 것이다.

동양의 학문이 이렇게 '시간'의 전개와 수렴에 기반을 두고 있다는 점을 일단 마음속에 새기고 지금 우리가 집중해야 할 지점은 바로 '수렴하는 시간'이라는 개념이다. 세상 사람들이 동양학을 잘 이해하지 못하는 이유가 바로 동양학은 이 '수렴하는 시간'을 이야기하고 있기 때문이다.

어느 광활한 우주 공간을 상상해 보자. 그리고 우주 공간 그 어딘가의 '한 점'에서 강한 폭발이 일어나면, 그 '한 점'은 산산조각이 나 사방팔방으로 흩어진다. 그러나 그 '한 점'이 강력한 '중력(重力, gravity)'을 지니고 있다면 언젠가는 사방팔방으로 흩어졌던 모든 조각이 다시 '한 점'으로 모일 것이다. 그런데 이 같은 일이 '시간'에 일어난다면 어떨까.

폭발하는 순간은 시작 단계, 사방으로 흩어지는 것은 '전개 단계', 그리고 시간의 중력으로 인해 다시 그 중심을 향해 모이는 것을 '수렴 단계', 완전히 모인 것을 '수렴된 단계'.

필자의 부족한 능력으로 인해 조잡한 설명이 되었지만, 이것은 온전히 필자의 탓이고 진리 자체의 결함이 아니니 여러분은 이런 가르침이 있다는 것을 알고만 있으면 된다.

결국 소강절 선생이 이야기하려는 것은 우주가 양(陽)의 단계, 오행으로는 목(木), 화(火)의 단계에서는 탄생, 성장을 하고, 음(陰)의 단계, 오행으로는 금(金), 수(水)의 단계에서는 수렴, 응축한다는 이야기이다.

그리고 우주가 '양'의 시간대를 타고 '모든 경우'의 가능한 한 '모든 생명'을 내어놓고, 그것도 그저 무성의하게 '생명'을 찍어내는 것이 아니라, '성(性)'으로 표현된, 각각의 '생명'에게 고유한 특성을 부여해 가며 정성스럽게 '탄생과 성장의 시간대'를 만들어 왔다는 것이다.

그리고 언젠가, 어느 정도 충분한 시간이 흐르면, 다시 말해 충분한 '기회'가 주어지면 이제 수렴하는 '음'의 시간대가 찾아온다는 것이다.

'음'의 시간대, 수렴하는 시간에는 어떤 일이 벌어질까?

그리고 왜 우주는 이렇게 순환하는 시간을 만들었을까?

다시 질문이 나올 것이고, 그 해답을 찾기 위해 우리는 또다시 시간을 거슬러 주자, 북송오자를 지나 이 모든 유가(儒家)의 가르침을 시작한 사람, 공자(孔子)를 만나러 가야 한다.

공자孔子와 인의예지仁義禮智

공자(孔子)를 모르는 사람은 없을 것이다. 유교의 시조(始祖), 인(仁)과 예(禮)를 강조하고 삼강오륜(三綱五倫)을 통해 동양적 질서의 틀을 만든 사람.

필자가 젊을 때 '인'에 대하여 배우기를 '자식을 낳는 어머니의 마음'이라 배웠다. 어머니가 자식을 낳을 때 그 자식이 잘 커서 자신에게 효도하는 훌륭한 자식이 될지, 아니면 잘못 커서 속 썩이는 자식이 될지 아무런 편견 없이 오직 자식을 낳는 그 마음이 '인'이라는 것이다.

이것은 '인'이 우리가 일상에서 사용하는 감정을 표현하는 수많은 단어, 사랑, 미움, 용기, 두려움 등과 같은 것이 아니라, 생명이 존재하면서 표현되는, 자연스럽게 우러나는 감정을 의미하는 단어라는 것을 강조하려는 것이다.

이제 세월이 흘러, 필자는 그 모든 가르침과 경험을 통하여 인의 예지라는 단어는 바로 '우주의 마음', '대자연의 마음'을 표현한 것임을 가슴 깊이 느끼고 있다.

'인(仁)'이라는 것은 탄생의 마음이다. 앞서 우주가 '양'의 시간대에 '모든 생명'에게 '모든 기회'를 주기 위해 노력한다는 것을 배웠는데, 우주가 그렇게 모든 생명체에게 베푸는 모습을 묘사한 것이 바로 '인'이라는 단어이다. 유학자들은 '천지생물지심(天地生物之心, 우주가 생명을 낳는 마음)'이라고 표현했다.

물론 이것은 인간적인 감상이 담긴 언어이다. 우주는 그저 그렇게 움직일 뿐, 자신이 '인'하다는 의식조차 없을 것이고 그저 그런 모습을 바라보는 인간이 제 흥에 겨워 “아, 우주는 정말 인자롭구나. 이렇게 모든 생명에게 모든 기회를 주다니!”하고 감상에 젖을 뿐이다.

이렇게 ‘인’이라는 단어의 원천, 즉 그 유래한 바를 알게 되면, 어떤 것이 ‘인’한 것인지 알 수 있다. 이 시대는 편견의 시대이다. 많은 뜻있는 사람들이 사람을 출신, 인종, 언어, 생김새 등의 이유로 편견(偏見, 치우친 견해)으로 바라봐서는 안 된다고 이야기한다. 그런 이야기가 있다는 것은 그만큼 많은 편견이 실제로 존재한다는 방증이다.

편견을 가진 사람들은 이야기한다. “내가 그렇게 보겠다는데 네가 무슨 상관이냐? 이것은 내 자유다!” 그러나 동양의 학문을 배운 사람은 그럴 수 없다. 이 우주 안에서 태어난 인간이 어떻게 우주의 존재 원리를, 대자연의 법칙을 거스르며 살 수 있단 말인가.

‘인’이라는 것은 결국, 모든 것을 해볼 수 있도록 기회를 주는 마음이다. 말리거나 막기보다는 시도해 볼 수 있도록 돕는 것이 바로 인자로운 마음이다.

생명의 탄생을 음양오행에서는 ‘목(木)’의 단계, ‘목’의 시간대라고 하며 그 정신을 바로 ‘인’이라고 표현한다. 인의예지를 제대로 알려면 사실 음양오행(陰陽五行)을 알아야 한다. 그래야 이런 개념이 어떻게 나오게 되었는지 깊이 있게 이해할 수 있다.

다음은 '예(禮)'에 대하여 알아보자. 유교(儒敎) 하면 예의범절이 먼저 떠오를 정도로 '예'를 중시하는 것이 유가(儒家)이지만 필자가 이야기하려는 '예'는 이런 것과는 한참 다른 것이다.

음양오행에서는 탄생한 생명체가 성장해 가는 모습을 '화(火)'라고 한다. 즉 성장은 '화'의 단계이고, '화'의 시간대이다. 탄생을 '목(木)'이라 부르는 것은 봄에 새싹을 틔우는 나무처럼 생명이 탄생하는 모습을 상상하기 쉽게 하려는 의도인 것일 뿐, '우주가 나무, 불, 쇠, 물로 이루어졌다고 생각했다'라는 식의 어처구니없는 해석은 인제 그만 나왔으면 한다.

마찬가지로 성장하는 모습은 마치 불이 타오르듯이 힘차게 퍼져가는 모습을 상상해 보라는 의도에서 지어진 개념이다. 그런데 불이 활활 타오르려면 반드시 필요한 조건이 있다. 그것은 땔감과 공기이다. 이런 몇 가지 조건이 충족되어야 불이 제대로 타오를 수 있다. 나무를 예로 들면, 나무가 쑥쑥 잘 자라기 위해서는 햇빛, 양분, 물이 잘 공급되어야 하는데, 특히 물과 양분이 모든 가지와 잎사귀에 잘 공급되려면 뿌리에서부터 이곳까지 원활하게 전달되도록 길이 잘 나 있어야 한다.

그러면 사람이 잘 자라려면 무엇이 필요할까. 물론 예의범절도 필요하다. 그러나 필자는 그것이 '원활한 소통'이라고 생각한다. 인간이 서로의 마음을 교류하는 일종의 틀, 내가 나의 '마음'을 정성껏 표현한다면 상대방도 그 '마음'을 제대로 받아들일 수 있을 것이다. 예(禮)는 그곳에서부터 출발했지만, 세월이 흘러 그 의도는 잊히고 형식만 남았다.

서로 '예'를 갖추면 소통이 잘될 것이다. 무례(無禮)하면 소통은 어려워진다. 그런 관점에서 '배움'이라는 것도 소통의 도구가 된다. 학교에서 배우는 국어, 수학 등이 단지 입시(入試)만을 위한 것이 아니라 사회생활을 위한 소통의 도구가 된다는 점을 충분히 이해할 수 있고, 또 이왕이면 '지식'도 좋지만 '상식(常識)'이라면 더더욱 그것이 사회생활에서의 예절이 될 수 있다.

성장을 '화(火)'의 과정이라고 하고 그 '화'의 과정이 순조로워지려면 안팎으로 소통이 잘되도록 하는 '예'가 필요하다고 했을 때, '예'의 범위는 훨씬 넓어지고 적어도 '예의범절'이라는 틀에 갇히지는 않을 것이다.

'모든 생명'이 서로 소통이 필요할 때, 그 교류를 위해 놓는 '다리'와 같은 것이 바로 '예'이다. 그것은 '언어'가 될 수도 있고, '감정의 교류'가 될 수도 있고, '상식'이 될 수도 있다. 적어도 음양오행을 공부한 사람이라면 필자의 이런 해설을 이해할 수 있을 것이다.

'예'를 갖추면 소통이 이루어지고, 무례(無禮)하면 소통은 이루어지지 않는다.

이 대목에서 짚고 넘어가야 할 것이 있다. 어떤 사람은 물을 것이다. "나도 논어(論語)를 읽어보았지만, 필자가 이야기하는 이런 내용은 전혀 본 적이 없소." 물론이다. 유교의 어느 경전(經傳)을 보아도 이런 내용은 없다. 인(仁)은 천지생물지심(天地生物之心) 정도가 유일하다. 그러나 중용이 공자의 말씀을 바탕으로 지어졌듯이 '천명지위성(天命之謂性)'을 가르친 당시의 공자가 이런 이치를 몰랐을 리는 없다.

공자가 본받으려는 성인들은 학문이 아니라 '말씀'과 '다스림'으로 가르침을 베풀었기 때문에, '개념'과 '이론'을 설명하기보다는, '술이부작(述而不作)'이라는 원칙을 따라 예의범절과 같은, 따라하기 쉬운 모범을 통해 당시의 사람들을 교화하려 했을 가능성이 높다고 본다. 당시에는 '인의예지'가 이렇게 우주와 자연의 마음에서 따온 개념이라는 것을 아는 사람은 다 아는, 그래서 굳이 글로 남길 필요조차 없는 상식이었을 것이라고 본다.

이제 '의(義)'에 대하여 이야기해 보도록 하자. 보통 '의'는 정의(正義, justice)로 해석하는 경우가 많지만, 그 본래의 뜻을 살피면 그런 단순한 개념으로 끝날 문제가 절대 아니다.

탄생과 성장, '목'과 '화'의 단계가 지나면 앞서 이야기한 대로 이제 '음'의 단계, '수렴하는 시간대'가 찾아온다. '수렴하는 시간'이란 시간이 거꾸로 흐르는 것을 말하는 것이 아니다. 그보다는 탄생과 성장이라는, 외면으로 보이는 변화를 위해 흐르던 시간이 '성숙(成熟)'이라는 내면의 변화를 위해 흐르게 된다고 봐야 한다. 이를 양(量)에서 질(質)로의 전화(轉化, 다른 무엇으로 바뀜)라고도 한다.

그러면 '성숙'의 단계, 이를 오행에서는 '금(金)의 시간대'라고 하는데 이 순간에는 무슨 일이 일어날까. 그것은 바로 '평가(平價)'이다. 즉 값을 매기는 시간이 다가온다는 뜻이다. 탄생과 성장을 위해 모든 기회를 주고 또 소통을 위해 아낌없이 베풀어주던 좋은 시간은 가고, 이제 그 기회를 통해 어떤 일을 했는지 묻는 시간이 온다는 것이다. 그간의 경험을 통해 과연 제대로 배웠는지 아니면 그런 시간을 별 의미 없이 헛되게 써버렸는지 판단하는 순간이 반드시 오게 되어 있다는 것이다.

나무를 예로 들자면, 봄 여름에 뿌리와 꽃과 잎사귀를 통해 햇빛과 자양분을 받아들여 자란 후에, 마지막 목표인 열매를 향해 필요한 것을 빼고는 모두 버려버린다. 이제 오직 쓸모 있는 것만 남기고, 쓸모없는 것은 모두 버린다. 이것은 나무의 '자기평가(自己平價)'이다.

나무는 인간에 비해 단순한 생물이므로 평가 절차도 상대적으로 간단하지만, 그리고 인간은 우리가 알다시피 훨씬 복잡한 존재이므로 복잡한 절차가 필요할 것일 뿐, 평가를 피할 수는 없다. 이 부분은 길게 중언부언할 필요가 없다. 그저 조금 곰곰이 생각해 보아도 우리는 우리 행동의 모든 것을 평가받는다.

'전설의 고향'에 죽으면 명부에 끌려가 염라대왕에게 살아생전의 모든 죄를 고하고 상을 받거나 벌을 받는 장면은 그저 우연히 나온 상상이 아니다. 인간의 내면에는 바로 이런 '평가'에 대한 무의식이 자리 잡고 있다.

혹자는 말할는지 모른다. "나에게는 아무도 관심 없는 것 같으니, 나를 평가해 줄 사람도 없는 것 같아요." 하지만 누구나 깜빡

잊고 있는, 피할 수 없는 평가자가 하나 있으니, 그것은 바로 '나 자신'이다.

성숙의 시간, '금(金)'의 시간대에서 수렴이란 자신의 내면으로의 수렴이다. 모든 생명이 외면으로 향하던 여정을 마치고 내면으로 향하는 새로운 차원의 여정을 시작하면서 그 출발점은 그동안 행했던 '모든 일'의 평가로 시작되고, 그것은 남의 평가도 중요하지만, 그 무엇보다도 나 스스로의 평가를 바탕으로 이루어진다. 이 세상에 자신을 속일 수 있는 사람은 없으니까.

'의(義)'란 것은, 이런 모든 일이 일어나게 하는 우주의, 대자연의 마음을 개념화한 것이다.

'지(智)'에 대하여 알아보자. '지'는 수렴이 완료된 상태를 말한다. 탄생, 성장, 성숙을 통해 '내면에 축적된 그 무언가'를 '지(智)'라고 부른다. 인간에게는 기억이라는 말이 잘 어울릴 것이고, 식물에게는 씨앗이라고 할 수 있다. 그러나 '지'에 대한 이해를 돕는데 흔히 DNA라고 부르는 '유전자(遺傳子)'만 한 것이 없다고 생각한다.

인간은 '진화(進化)'라는 과정을 겪는데 이는 생명체가 오랜 시간을 통해 축적한 경험이 내면에 새겨짐으로써 가능한 것이며, 그

매개체가 바로 'DNA'이다. 경험이 수렴 축적되는 과정이 바로 '지'이며 그것의 현실적인 모습이 바로 'DNA'인 것이다.

앞서 왜 우주가 순환하는 시간을 만들었는지 궁금해 할 수 있다고 했는데, 그 1차적인 대답은 바로 이것 즉 '지(智)'의 탄생이다.

그러니까 인간은 그저 '지적인 생물'로 태어난 것이 아니라 다양한 삶의 과정과 경험을 응축하고 그것을 새로운 씨앗으로 만드는 우주의 질서를 본받아 삶에 활용해 왔음을 알 수 있다.

이로써 '인의예지'가 그저 인간의 감상이 담긴 용어가 아니라, 우주의 운행, 대자연의 섭리를 개념화하여 인간 행동의 본으로 삼으려 했던 유가(儒家)의 성인들이 인류에게 선물해 준 절대의 진리(眞理)라는 것을 알게 되었다.

아我와 비아非我

"역사(歷史)란 '아(我)'와 '비아(非我)'의 투쟁의 기록" 이것은 독립운동가이자 역사학자인 단재 신채호(1880~1936)의 저서 '조선상고사'의 첫대목에 나오는 유명한 글이다. 젊은 시절에 필자가 이 글을 처음 접했을 때는, 솔직히 아무리 민족사학자라 해도 우리

사대문(四大門)과 보신각(普信閣)

대한민국의 수도 서울에는 사대문과 보신각이 있다. 이는 철저히 유교적인 가르침을 바탕으로 유교적인 이상(理想)이 실현되기를 바라는 염원이 담겨있다.
음양오행에서 동방(東方)은 목(木)의 방위이고, 인(仁)의 방위이다. 그래서 동대문은 흥인지문(興仁之門)이라 이름하였다. 서방(西方)은 금(金)이고 의(義)의 방위이다. 그래서 서대문은, 지금은 사라지고 없지만, 돈의문(敦義門)이라는 이름을 갖고 있었다.
남방(南方)은 화(火)의 방위이고, 예(禮)의 방위이다. 그래서 남대문의 이름이 숭례문(崇禮門)이다. 마지막으로 북방(北方)은 수(水)이고, 지(智)의 방위이다. 그런데 북대문을 찾아보면 숙청문(肅淸門)이라는 이름이 나온다. 이것은 왜 맞지 않는가.
여러 가지 해석이 나올 수 있는데 필자의 견해로는 서울의 북방에는 대문(大門)이 필요 없기 때문이다. 높은 산이 있어 대문을 지을 수도, 지을 필요도 없는 까닭이다. 그저 보통 크기의 문을 짓고 그 이름을 붙였을 뿐이다. 만약 공간이 허락하여 대문을 지었다면 반드시 그 이름에는 '지(智)' 자가 들어갔을 것이다.
그리고 서울 한복판에 보신각(普信閣)을 지었다. 음양오행에서 중앙(中央)은 토(土)이고 '신(信)'이라 개념 짓는다. 중앙이니 방위라고 할 수도 없다. 목화금수가 운행하는 그 중심에는 우주의 질서가 자리잡고 있고, 그 질서의 근본은 바로 믿음(信)이라는 뜻이며, 여기에 종(鐘)을 매달아 믿음(信)이 사람을 깨우는 역할을 하게 하였다.
이렇게 유학을 국가의 근본으로 삼았던 조선의 사대부는 수도 서울을 유교적 이상향(理想鄕)으로 묘사하였다.

역사를 우리 민족과 타민족과의 투쟁으로만 본다는 것이 과하다는 느낌을 받은 것이 사실이었다.

그러나 이제 세월이 흘러 다시 필자에게 묻는다면 그것이 개인의 역사이건 민족의 역사이건 이보다 역사(歷史)의 정의(定意)를 더 잘 설명한 글은 있을 수 없다고 생각한다.

'역사란 현재와 과거 사이의 끊임없는 대화(E.H. Carr)' 등등 역사를 정의한 많은 표현이 있지만, 나의 삶을 '나다움'과 '나답지 않음'의 갈등, 민족사(民族史)를 '우리 민족다움'과 '우리 민족답지 않음'의 투쟁, 즉 정체성의 투쟁이라는 관점에서 바라본다는 것은, 정말 곰곰이 생각하고 또 곱씹어봐야 할 내용이라고 생각한다.

투쟁(鬪爭)이라는 단어는 약간 과격하지만, 선생이 독립운동가로서 일제(日帝)에 체포되어 옥중생활을 하면서 '조선상고사'를 지었고 끝내 글을 완성하지 못한 채 옥고로 순직한 당시의 시대상을 생각한다면 어느 정도 이해할 수 있는 단어 선택이라 본다.

우리는 수행법을 배우면서 '나'라는 존재에 대한 의문을 풀고자 주자(朱子)의 '성리학'을 시작으로 하여 주렴계 선생, 소강절 선생을 거쳐 공자(孔子)에까지 이르는 짧고도 굵은 여정을 겪었다. 그리고 그 결론은 바로 '성(性)'이라고 부르는, 나에게 부여된, 그리고 나에게만 부여된 어떤 '정체성(正體性)'을 제대로 아는 것이야말로 모든 것의 출발점이라는 것이다.

필자는 예전에는 이것을 '가치관(價値觀)'이라 불렀다. 사람은 각자 자신만의 가치체계, 즉 마주치는 세상의 다양한 일에 대해 '나만의 고유한 값을 매기는 기준'을 가지고 있어야 한다고 가르쳤다. 세상 사람이 다 좋다고 해도 내가 싫으면 그만이고, 반대로 세상 사람이 다 별로라고 해도 나만이 좋아할 수 있는 그런 개성을 지녀야 한다고 가르쳤는데 이제는 그것을 '아(我)' 즉 '나다움'을 찾을 수 있어야 한다고 표현하려 한다.

나는 '내 몸의 주인'이지만, '내 생각'은 '내가 하는 것'이지만 그 행동 속에, 그 생각 속에 꼭 '내 것'만 있지는 않다는 것을 다들 공감할 것이다. 물론 무조건 남의 것을 배척하라는 말은 아니다. 그것이 나에게서 비롯되었건, 남에게 배웠건 내가 충분히 소화한 것은 결국 '내 것'이다. 즉 '나답지 않은 것'은 어설픈 '흉내 내기'를 말하는 것이다.

이것이 얼마나 어려운 일인지 다들 느낄 수 있을 것이다. 그래서 호흡법을 배워야 한다는 것이다. 나의 정체성를 찾는 첫걸음은 바로 주렴계 선생이 가르쳤듯이 이 우주와 연결된 그 끈을 다시 잇는 일부터 시작되어야 하고 간절한 기도의 마음으로 수행하면 반드시, 그리고 어렵지 않게 이루어진다.

그동안의 인류는, 좋은 배움을 얻으려면 좋은 스승을 만나야 했다. 스승, 멘토, 선구자, 지도자 무어라 이름 붙이던 이런 존재를 만나 그들이 이끄는 대로 잘 따라야 했다. 그러나 이제 우리가 앞으로 맞이할 시대에는 내가 나의 스승이 될 수 있다.

무슨 '새로운 시대의 도래' 이런 것을 말하려는 것이 아니다. 이 시대는 이미 사람이 알아야 할 웬만한 지식은 모두 나와 있는 시대이다. 이 시대가 혼란을 겪는 것은 그런 지식이 없어서가 아니라 그것을 진정으로 느끼고 평가할 '나만의 기준'이 없기 때문이다. 즉 무엇이 올바른 지식인지 무엇이 제대로 된 행동인지 판단할 기준이 없으니, 내 생각이, 내 행동이 맞는지 '확신(確信)'할 '자신감(自信感)'이 없는 것이다.

이런 것은 누구에게 배워서 알 수 있는 그런 종류의 것이 아니다. 나에 대하여 알려고 하는데 누가 어떤 도움을 줄 수 있겠는가. 그 답을 줄 수 있는 사람은 나뿐이다. 오직 내가 나의 정체성(正體性), '나다움' 즉 '성(性)'을 인지함으로써 만이 찾을 수 있다.

세상에는 더 기가 막힌 수행법을 알고 있는 사람도 있을 수 있다. 그러나 그런 수행법도 좋지만 정말 중요한 것은 진정한 '나다움'을 찾으려는 순수한 마음, 성실한 노력 바로 그런 것임을 꼭 알려주고 싶다.

솔성지위도率性之謂道

이제 이렇게 해서 '성(性)'에 관한 공부를 했으니 이제 앞서 언급한 대로 '솔성지위도(率性之謂道)' 즉 '성'을 어떻게 통솔해야 하는가에 대하여 이야기해 보자.

'성'을 다스리고, 통솔하는 것은 '성'을 아는 것과는 다른, 한 차원 높은 이야기이다.

내용이 어려워서가 아니라 실천이 어렵다는 말이다.

나를 알고, 나를 다스린다는 것이 무엇을 의미할까.

어떤 청산유수, 산에서 물이 흘러내리듯이 말을 번지르르 잘하는 사람이 있다고 치자. 그러나 귀신도 설득할 그런 말재주를 과연 어디에 쓸 것인가 선택하는 것은 전혀 별개의 문제이다. 그가 그 재주를, 물건을 파는 데 쓴다면 장사꾼이 될 것이고, 남을 속이는

데 쓴다면 사기꾼이 될 것이고, 혹 공부를 열심히 하여 카운슬링(counseling)을 배웠다면 어려운 사람을 돕는 좋은 상담가가 될 것이다.

즉 인간이 개성을 갖는 것과, 그 개성을 어떻게 발휘할 것인가는, 전혀 별개의 문제인 것이고 후자가 훨씬 어려운 일이라는 것을 충분히 짐작할 수 있다.

그래서 '중용'에서는 '솔성(率性)'하는 것을 '도(道)'라 표현하여, 그 속에는 단순한 선택이 아니라 그 사람의 가치관(價値觀)이 담긴 중요한 '발걸음'이 담겨있다고 한 것이다.

내가 누구인지, 무엇을 할 수 있는지, 당장 알 수는 없다.

그러나 정말 이 질문에 대한 해답을 찾는 데 '진심'이라면, '주자'도 그랬듯이 '절문근사(切問近思, 간절하게 묻고 늘 가까이 생각함)'해야 한다. 정성을 다해 질문하면 반드시 해답을 찾을 수 있다. 그리고 '숨 쉬는 법'은 이를 위해 필요한 '예(禮)'가 되는 것이다.

이것은 '그대의 삶'이고, 그대가 그대를 사랑한다면 그대를 위해서 꼭 해야 할 일이다.

이제 이로써 동양학에 대한 기초(?)는 충분히 배운 셈이다.

이 세상은 배운 것만으로 살기에는 그리 만만한 곳이 아니다. 다시 말해 자신만 열심히 한다고 모든 것이 해결되는 그런 세상이 아니라는 것이다.

살다 보면 때로는 운도 따라야 할 때가 있고, 불합리하고, 불공평한 상황을 마주할 때도 있다. 한마디로 이 세상은 부조리(不條理)한 구석이 의외로 많다.

그동안 모든 훌륭한 사람들의 가르침은 '착하게 살라'였지만, 이 가르침은 우리가 실제로 하는 경험과 다를 때가 있다.

이제 웬만한 사람들은 이런 질문에 대한 대답을 포기한 채로 산다. 그저 '세상은 그런 것이려니' 체념하고 살아가는 데 익숙해진 지 오래지만, 제대로 된 철학이라면 이 문제를 풀어주어야 한다. 군말이 필요 없다. 동양의 가르침은 이런 문제를 어떻게 바라보고 어떤 해법을 내리고 있을까. '숨 쉬는 법'의 마지막 단계는 '인간답게 사는 법'이다.

3부
인간답게 사는 법

▒ 인간은 왜 아침에 일어나는가
- 오운五運의 대화작용對化作用

▒ 오운의 계시啓示 - 음양 그리고 우주의 탄생

▒ 왜 세상은 부조리한가? - 육기六氣의 탄생

▒ 인간과 영혼

▒ 오운육기론

▒ 금화교역金火交易 - 인간이란 무엇인가

인간은 왜 아침에 일어나는가
– 오운五運의 대화작용對化作用

여러분은 아침에 왜 일어나는가. 그저 아침이라 버릇처럼 잠에서 깨어 오늘 할 일을 하기 위해 이 닦고 세수하고 옷 입고 집을 나서는가. 직장인이라면 회사에 출근하기 위해, 학생이라면 공부를 위해 학교로, 여러 다양한 이유로 집을 나서지만 조금 깊이 생각해 보면 그 안에는 어떤 목적이 자리 잡고 있다.

학생이라면 공부를 위해 일어나겠지만 공부가 궁극의 목표는 아니다. 무언가를 배운다는 것은 그다음의 목표를 위해 준비하는 과정일 뿐, 좋은 직장에 취직하거나, 온갖 다양한 직업을 택해 자신의 꿈을 실현해 보려 한다거나 하는 더 큰 목표가 있기 마련이다.

그것을 희망, 꿈, 이상(理想) 어떤 말로 표현하든 그 목표가 있기에 지금을 준비하려고 사람은 아침에 일어난다. 조금 더 깊이 생각해 보면, 내가 지금 이런 노력을 들이면 나중에 그것이 밑거름되어, 내가 하고자 하는 일을 도울 것이라는 '믿음'이 그 밑에 깔려있다고 보아도 좋다.

'오운(五運)'은 다음과 같은 도표로 표시한다.

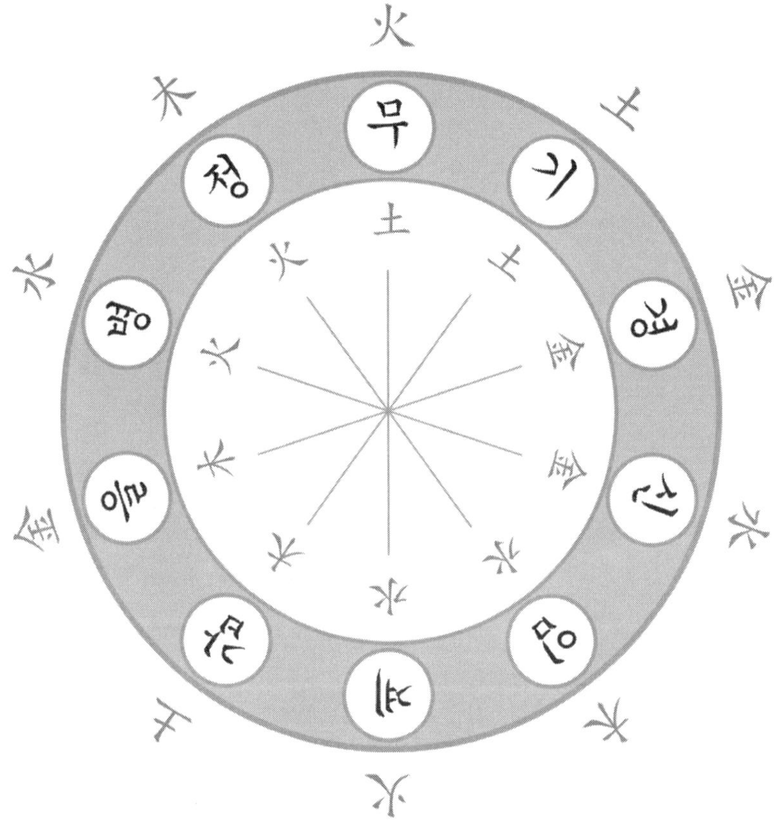

원의 좌측 아래에 '갑(甲)'이 있고 그 반대편에 '기(己)'가 있다. '갑'은 '목(木)'의 성질을 띠고 있다고 하고, '기'의 속성은 '토(土)'이다. 여기에서 오운의 대화작용(對化作用, 상대편에 있는 것이 작용하여 나를 변화시킴)을 통해 '갑'은 '토'로 변하는데 이것을 '갑기화토(甲己化土, 갑이 기의 도움으로 토로 변함)'라고 한다.

이것을 우리가 이해할 수 있는 언어로 바꾸어 표현하면, '갑'은 무언가 탄생하려는, 시작하려는 기운인데, 그곳에 반대편에 있는 '조화(調和)', '이상(理想)', '희망(希望)'을 의미하는 '기'가 작용하여 '갑'에 기운을 불어넣어 스스로 움직일 수 있게 만든다는 의미이다.

조금 더 깊숙이 들어가면, 원래 음양오행은 시간의 철학이라고 했던 것처럼 '기'라는 것은 '목'의 상태였던 '갑'이 언젠가는 되어질 상태, 즉 미래의 모습을 의미하고 그 미래의 모습이 현재의 '갑'에게 영향을 미치고 있다고도 볼 수 있다.

사람도 그러지 않는가. 성공한 자신의 미래를 꿈꾸며 현재를 준비하는 그런 모습 말이다.

오운론(五運論)은 이런 식으로 모든 생명체, 정확히 말하자면 '정신체(精神體)'의 운동 원리를 설명한다. 그래서 그동안 연구된 것을 배워 이것이 어떤 것인지 대략 감(感)은 잡을 수는 있어도 어떤 '깨달음' 없이 이것을 제대로 이해한다는 것은 있을 수 없다.

'갑'과 '기'는 서로 대화작용을 통해 '토'가 된다. '갑'은 '목'이었지만 '토'로 변하고 '기'는 원래 '토'라서 변하지 않고 그냥 '토'로 작용하며, 이를 '갑기토운(甲己土運, 갑과 기는 '운'으로 작용할 때는 그 성질이 '토'라는 뜻)'이라고 하며, 이것으로 인간의 정신이 움직이는 원리를 설명한다. 즉, 이상을 통해 동력을 제공받는 자율적인 존재가 바로 인간이다.

'갑'과 '기'의 미묘(微妙)한 작용을 이해해야 인간 정신의 본질을 꿰뚫을 수 있다는 뜻이다.

이 대목에서 한마디 더 하자면, 왜 인간은 이렇게 자율적으로 생각하는 능력, 정신을 지니게 되었을까. 궁금할 것이다. 그러나 그 대답은 너무나 싱겁다. 오운에는 '갑기토운' 말고도 '을경금운(乙庚金運)', '병신수운(丙辛水運)', '정임목운(丁壬木運)', '무계화운(戊癸火運)' 등이 있는데 이 우주는 이러한 '운'의 운행을 따라 그 속성을 지닌 모든 생명체를 내어놓았고 그중에 '운'이 좋게도 '갑기토운'을 타고 태어난 것이 바로 인간일 뿐이다.

오운의 계시啓示-음양 그리고 우주의 탄생

앞에서 간단하게 '운(運)'의 운동 원리를 소개하였다.

일단 '운기론'의 유래에 대해 알아보자. 이는 모든 동양의학의 뿌리라고 할 수 있는 '황제내경(黃帝內經)'에서 처음 제시된 이론이다.

'운기론'의 정식명칭은 '오운육기론(五運六氣論)'으로 다섯 개의 '운(運)'과 여섯 개의 '기(氣)'의 작용에 대해 설명하는데, 이 '오운(五運)'은 각기 상대가 있어 총 열 개로 작용하며, 각각의 이름은 갑(甲) ·을(乙) ·병(丙) ·정(丁) ·무(戊) ·기(己) ·경(庚) ·신(辛) ·임(壬) ·계(癸)이다. 즉 '천간(天干)' 또는 '십간(十干)'이라 부르는 것이 바로 이것이다.

'육기(六氣)'도 마찬가지로 상대가 있어 총 열두 개의 '기'가 있는데 각각의 이름은 자(子) ·축(丑) ·인(寅) ·묘(卯) ·진(辰) ·사(巳) ·오(午) ·미(未) ·신(申) ·유(酉) ·술(戌) ·해(亥)이다. 이것을 '지지(地支)' 또는 '십이지(十二支)'라고 부른다.

쥐띠, 소띠 같은 띠 문화, 갑자(甲子), 을축(乙丑)같이 연월일시에 육십갑자(六十甲子)를 이용해 이름을 붙이는 방식 등 우리가 너무나 자연스럽게 사용하고 있는 이 모든 것이 바로 '오운육기론'에서 유래된 것으로, 너무나 생활 깊숙이 들어와 있어서 느끼지 못했을 뿐이지 '오운육기론'은 동양 문화의 바탕을 이루고 있다.

그리고 이 '오운육기론'으로, 제목에 썼듯이 음양(陰陽) 그리고 우주(宇宙)의 탄생에 관한 이야기를 해보려 한다. 황제내경 소문(素問) 오운행대론(五運行大論)에 나오는 내용을, 해설을 달아 따로 정리하여 두었으니 이를 참고하기 바란다.

岐伯曰 臣覽太始天元冊文 丹天之氣 經於牛女戊分
기 백 왈 신 람 태 시 천 원 책 문 단 천 지 기 경 어 우 녀 무 분

黅天之氣 經於心尾己分 蒼天之氣 經於危室柳鬼
금 천 지 기 경 어 심 미 기 분 창 천 지 기 경 어 위 실 류 귀

素天之氣 經於亢氐昴畢 玄天之氣 經於張翼婁胃
소 천 지 기 경 어 항 저 묘 필 현 천 지 기 경 어 장 익 루 위

所謂戊己分者 奎壁角軫 卽天地之門戶也
소 위 무 기 분 자 규 벽 각 진 즉 천 지 지 문 호 야

기백(岐伯)이 말하기를, 신(臣, 기백을 말함)이 우주가 창조되던 태시(太始)의 하늘에 펼쳐진 기운의 운행을 살펴볼 수 있었던 바,
단천지기(붉은 하늘 기운, 즉 화운)는 우녀와 무분 사이를 지나고,
금천지기(누런 하늘 기운, 즉 토운)는 심미와 기분 사이를 지나고,
창천지기(푸른 하늘 기운, 즉 목운)는 위실과 류귀 사이를 지나고,
소천지기(흰 하늘 기운, 즉 금운)는 항저와 묘필 사이를 지나고,
현천지기(검은 하늘 기운, 즉 수운)는 장익과 루위 사이를 지나고 있습니다.
이른바 무기분이라는 것은 규벽과 각진인데 곧 천지의 문호입니다.

한동석 선생은 그의 저서 '우주변화의 원리'에서 이 대목을 언급하며 그 의미를 설명하고 있는데, 간략하게 정리하여 소개하자면, 일단 '기백(岐伯)'이란 사람은 '황제내경'에서 '황제'와 문답을 주고받으며 오운육기를 비롯한 우주의 원리를 설명해 주는 도사(道師)이다.

그는 자신이 우주가 탄생하는 초기(이를 태시(太始)라 한다)의 모습을 (수행을 통하여) 보았다며, 오운의 기운이 여러 별자리 사이를 운행하는 자취를 묘사하고 있다.

그런데 그 운행이, 음양의 기운이 균등하지 않고 '양'기운 3, '음'기운 2 정도의 비율로 '양'이 우세하더라는 것이다. 이를 '삼천양지(參天兩地)' 또는 삼양이음(三陽二陰)이라고 한다.

이것이 무슨 의미를 갖는 것일까? 이 하나를 설명하기 위해 독자들에게 이름도 생소한 오운육기론까지 소개하며 여기까지 온 것이다.

우리는 앞서 '슈뢰딩거의 고양이' 실험을 통해 무극의 우주가 어떤 모습일지 상상해 보았다. 그런 우주가 음양이라는 상대성을 지닌 태극이라는 단계로 변화하는데, 왜 우주는 태극으로, 즉 지금 우리가 살고 있는 이런 모습으로 변해야만 했을까. 그것은 고양이가 죽었는지 살았는지 확인할 수 있는 관찰자, 즉 객체(客體)가 필요했기 때문이다.

모든 것이 중첩되어 가능성만 존재하는, 그래서 아무것도 없고 아무 일도 일어나지 않는 상태에서 그 모든 가능성이 '현실화'하려면 그것을 보아줄 상대가 필요하므로 우주는 그 '완전한 균형'을 자발적으로 깨뜨리게 되는데 이런 현상을 현대물리학에서는 '자발적인 대칭 깨짐(Spontaneous symmetry breaking)'이라 한다.

그리스 로마 신화를 보면 그들은 태초의 혼돈(카오스, chaos)에서 우주를 뜻하는 코스모스(cosmos, 질서)가 나왔다고 이야기하는데 그것은 혼돈 속에서 질서가 나왔고 따라서 이 세상은 질서 있는 세상이라는 인식을 바탕에 깔고 있음을 의미한다. 이런 생각은 서양인의 여러 사고방식에서 찾아볼 수 있다.

그러나 '무극'과 '태극'으로 이어지는 동양의 우주 탄생론은 그 반대이다. 완전하지만 그로 인해 아무 일(event)도 일어나지 않는 상태에서, 비록 균형이 깨어졌지만 상대적으로 존재하여 일(event)이 일어나고, 그 일을 보아줄 상대가 있는 상대적인 세상이 탄생했다는 것이다.

약간이지만 그 균형이 무너진 우주의 모습이 바로 '황제내경'에서 '기백' 선생이 묘사하고 있는 태초 우주의 모습이다.

양과 음이 3대 2라는 것은, 양이 10분의 6, 음이 10분의 4라는 뜻이고, 그렇게 완전히 균형이 무너진 것이라 할 수는 없다. 그러나 양이 주도할 수밖에 없는 우주는, 분열하고 팽창하는, 다시 말하여 탄생하고 성장하는 우주이다. 그런 우주에서는 '양'의 기운이 우세하여 '음'은 상대적으로 밀릴 수밖에 없다.

주역(周易) 계사전(繫辭傳)을 보면 건지책(乾之策, 하늘이 운용하는 수)이 216, 곤지책(坤之策, 땅이 운용하는 수)이 144라는 말이 있는데, 이 역시도 약분을 하면 3대 2가 된다. 다시 말해 공자도 주역을 통해 계산했을 때, 이 우주는 3대 2 정도로 양이 우세하다는 것을 확인하였다는 말이다.

우리는 우리나라의 태극기에서 보듯이 음양이라는 것을, 서로 동등하고 균형을 갖춘 상태로 묘사하지만, 그 실상을 보면 이런 불균형을 밑에 깔고 있다는 것이고, 이것이 우리가 실제로 관찰할 수 있는 온 우주의 모습이다.

왜 세상은 부조리한가? – 육기六氣의 탄생

앞에서 긴 시간을 들여 '무극'으로 상징되는 절대적 균형이 객체를 만들기 위한 스스로의 목적으로 균형을 깨고 '태극'이라는 상대적인 세계로 변화했음을 설명하였다. 균형이 깨지지 않으면 어떤 일도 일어나지 않는다. 그리고 이제 균형이 깨져 상대적인 세상이 되었으므로 만물이 만들어지기 시작했다. 이것이 주렴계 선생이 '태극도설'에서 이야기한 '만물화생(萬物化生)'이다.

빛과 같은 소립자부터 시작하여, 각종 원소 그리고 이들이 모여 마침내 태양과 같은 항성(恒星)이 만들어지고, 항성 주위를 도는 행성이 만들어져, 다시 은하를 이루기까지 오래 세월이 흐르고 마침내 진정한 객체, 즉 관찰자라고 할 수 있는 생명체가 탄생하였다.

그러나 이 생명체의 탄생을 제대로 이해하기 위해서 우리는 한 가지 지식을 더 배워야 한다.

이 지구상에는 태풍(颱風)이 분다. 이것은 우리나라를 비롯한 태평양 연안의 국가들이 부르는 이름이고 다른 대륙에서는 다른 이름으로 불리지만 어쨌든 계절상으로 여름에서 가을에 걸쳐 태풍이 발생한다.

태풍이 왜 발생하는지 아는가? 이는 근본적으로 지구의 자전축이 기울어 있기 때문이다. 지구가 기울어진 채로 태양 주변을 돌다 보니 어느 때에는 북반구가 태양 빛을 더 받고 어느 때에는 남반구가 태양 빛을 더 받는 차이가 발생한다.

만약에 지구가 똑바로 서서 태양을 돈다면 태양 빛을 쬐는 각도가 항상 일정하여 더운 데는 항상 덥고 추운 데는 항상 춥겠지만 공기는 더욱 데서 추운 데로 이동하므로 바람도 항상 일정하게 불고, 덥다가 춥다가 하지 않으므로 날씨도 일정하고 한마디로 큰 변화가 없는 기후가 펼쳐질 것이다.

그런데 기울어져 운행하는 지구는 햇볕을 쬐는 각도가 항상 변하므로 덥다 춥다를 반복하고 그로 인해 파생되는 온갖 변수로 슈퍼컴퓨터를 동원해도 예측이 힘든 날씨가 펼쳐진다.

그중에서도 한여름에 집중되는 태양의 열기는 바다를 뜨겁게 데우고 그렇게 모인 에너지는 거대한 소용돌이가 되어 그 열기를 식히기 위해 보다 시원한 곳으로 이동하게 되는데 이것이 바로 태풍이다.

태양은 항상 일정한 에너지를 보내주건만, 그 에너지를 받는 대상이 비스듬히 서서 이리 받고 저리 받고 하니, 햇빛을 못 받는 쪽은 춥다고 난리고, 너무 받는 쪽은 덥다고 난리를 치는 형국이다. 그리고 스스로 감당하지 못할 과도한 에너지를 받는 쪽은 그 에너지를 해소하기 위해 극단적인 기상현상을 보여준다.

그런데 만약 이런 일이 지구의 물리적인 환경에서만 아니라 '기'의 세계에서도 일어나고 있다면 어떨까. '운'이라 부르는 우주의 '기'는 항상 일정하게 지구에 도달하지만, 지구가 비뚤어져 돌고 있으니 그 기운이 원래 도달해야 할 곳에 도달하지 못하고 치우쳐서 도달한다면 어떤 일이 벌어지게 될까.

이런 불균형으로 인해 공평하게 나눠 가지면 아무런 문제가 없으련만, 어디는 넘쳐서 버리고 어디는 부족해서 굶는 '모순' 혹은 '부조리'가 나타난다면 어떤 일이 벌어질까. 지금 우리 인류의 모습이 이런 모습 아닐까.

지구에 투사(投射)되는 우주의 '운'이 기울어진 지구의 영향으로 제대로 지구에 수용되지 못하고 과도하게 집중되는 부분이 발생하고, 그렇게 비정상적으로 집중된 기운이 모이고 쌓여 마치 태풍처럼 원래 존재하지 않았던 새로운 '기운'을 하나 더 만들어내게 되는데, 그렇게 지구에 투사된 '오운'이 변화한 모습을 5+1, 즉 '육기(六氣)'라고 한다. 그러니까 '육기'는 지구에만 있는 모습이고 이 지구에 생존하는 모든 생명은 이 '육기'의 영향을 벗어날 수 없다.

그리고 새로 만들어진 기운은 이름을 '상화(相火)'라고 하여 '불기운'의 일종으로 분류한다. 이것을 '무근지화(無根之火)' 즉 뿌리 없는 불, 근본 없는 불이라고도 하는데 이제 이 '상화'가 인간에게 어떤 의미를 갖는 것이지 살펴보자.

우리는 삶을 살면서 다양한 경우를 마주치게 된다. 그리고 그 온갖 경우들이 모두 합리적이지만은 않다는 것을 잘 안다. 어떨 때는 과하고 어떨 때는 부족하고, 이 모든 경우를 겪다 보면 슬슬 스트레스가 쌓이기 시작한다. 스트레스란 순조롭지 않은 흐름이 만드는 '마음의 응어리'이다. 그리고 인간은 필연적으로 그 '마음의 응어리'를 풀어내고 싶어 한다. 그것을 그냥 마음에 담아두면 '큰일이 난다'라는 것을 인간은 본능적으로 안다. 병이 되어 내 몸을 해칠 수도 있고, 홧김에 내뱉는 가시 돋친 말이 되어 남에게 상처를 줄 수도 있다.

그래서 인간은 역시 본능적으로 '뿌리 없는 불'을 하나 피우기로 한다. 그 불을 피우는 재료가 만약 '술'이라면 어떨까. 술의 힘을 빌어 실컷 떠들거나, 노래를 부르거나, 춤을 추거나. 그것이 근본적인 해결이 되지 못한다는 것을 모르진 않지만 그렇게라도 해야 할 것 같기에 마음에 '근본 없는 불'을 질러 그 응어리진 감정을 해소하려 한다.

인간이 '상화'를 이용하는 방법은 다양하다. '술'과 같은 비교적 '순한 방법(?)'도 쓰지만 인간은 자신의 감정의 응어리를 풀기 위해 범죄를 포함해 온갖 상상을 초월하는 방법도 쓴다.

영화를 보면 갱단의 일원인 주인공이 멋지게 담배를 꼬나물고, 전쟁영화에서도 군인들이 수시로 담배를 피워대고 있다. 멋있게 보이기 위해? 천만에, 자신의 스트레스를 감당하기 힘들어 그렇게라도 버티기 위한 몸부림일 뿐이다. 마약, 성범죄, 그 모든 행위의 이면에는 스트레스에 무너진 인간의 처절한 욕망이 자리 잡고 있다.

처음에는 스트레스를 풀기 위한 단순한 목적이었지만, 우리는 그런 행위가 '중독(中毒)'으로 이어져 스트레스와 무관하게 사람을 파괴한다는 것을 잘 알고 있다.

요즘은 연예산업(entertainment business), 스포츠 산업이 엄청난 규모로 성장해 있는데, 이 역시 인간의 '상화'를 기반으로 하는 것이다. '상화'의 특징은 '무근지화'이기 때문에 원칙적으로 그것이 없다고 해서 사람이 당장 죽거나 무슨 일이 벌어지지는 않는다. 그러나 이제는 '정신건강'의 중요성도 많이 알고 있는 시대인 만큼, 이러한 인간의 감정 해소가 중요하다는 것을 알고 그래서 이제는 '돈이 되는' 사업이 된 것이다.

'인(寅)'과 '신(申)'이 이 상화를 의미하는 '지지(地支)'이며 이런 상화의 속성 때문에 '신(申)'이 원숭이띠인 것이다.

객체가 탄생하는 데 필요했던 그 음양의 불균형이 '오운의 비대칭'으로 나타나고, 그것이 온 우주를 만들어내는 과정에서 다양한 각도로 기울어져 자전하는 온갖 천체로 나타나게 된 것이지만 기울어진 환경이라는 시련의 조건도 동시에 만들어냈다.

그리고 운기론은 객체의 정점에 서 있는 '살아있는 생명체'는 '육기'의 환경하에서만 탄생할 수 있다고 가르치고 있다. 생명체가 탄생하기 위해 '육기'가 필요하지만, 그 '육기'로 인해 고통받는 생명.

그리고 수천 년 전에 이런 우주와 생명의 실체를 꿰뚫어 보고 이것을 '오운육기'라는 지혜로 만들어 후대에 전한 동양의 비범한 현자들에 이르기까지.

이것은 시간을 두고 그 의미를 천천히 곱씹어봐야 할 내용이다.

기울어진 지구의 운행은 '상화'의 탄생만으로 끝나는 것이 아니다. 앞서 언급했듯이 '치우쳐서 지구에 도달한 기운'의 의미를 동양에서는 이렇게 가르친다.

어떤 인자하고 덕성 많은 그래서 일도 공평하게 잘 처리할 것만 같은 사람이 있다고 하자. 이런 사람이 지도자가 되면 좋으련만, 이 세상은 그런 사람보다는 목소리 크고, 권모술수에 능한 자가 지도가가 되어 자신의 욕심을 채우고 사람들을 곤경에 처하게 하는 그런 상황 같은 것이라고 말이다. '머리'가 받아야 할 기운을 '어깨'가 받아서 자기가 '머리' 노릇을 하는 그런 상황이 '육기'의 속성에 있다고 설명하니 과연 이 세상이 돌아가는 모습을 그대로 투영하고 있다는 생각이 들지 않는가.

지금까지 생명의 탄생과 관련한 조금 우울한 이야기를 전했다면 이제는 생명이, 특히 인간이 어떤 장점을 갖고 있는지, 왜 그래도 인간이라는 존재가 '좋은 것'인지 이야기해 보도록 하자.

인간과 영혼

'육기'를 공부한 사람에게는 기초적인 이야기지만, '육기'는 '방위(方位)'로는 '토(土)'가 4개, '변화(變化)'로는 '화(火)'가 4개라고 한다.

'운'이라는 것은, 온 우주를 운행하는 것이므로, 거대한 변화의 흐름만이 있을 뿐, 동서남북 위아래 따위의 구분이 있을 수가 없다. 그래서 '오운'은 방위(方位, position)가 없다.

그러나 '육기'는 이 지구라는 환경을 기반으로 운행하는 것이므로, 그 '기'가 속하는 기본적인 방위가 있는데 이 방위를 기준으로 따졌을 때, 일단 목화토금수 오행의 기본 속성이 존재하고 다시 '토(土)'가 하나 더해져서 '육기'가 되고, 변화할 때, 즉 그것이 실질적으로 운행할 때는 앞서 설명한 '상화'가 더해져서 가짜든 진짜든 불은 불이니까 불이 2개가 되어 '육기'가 된다. 방위로는 토목화토금수×2가 되어 토가 총 4개가 되고, 변화적으로는 목화토화금수×2가 되어 화가 4개라고 하는 것이다.

바로 이 방위적으로 두 개 늘어난 '토'는 현대적인 의미로 말하자면 바로 '인간의 자유의지'와 비슷한 것이라고 보면 된다.

'오운'은 앞서 설명한 대로, 서로 상대방에게 영향을 주고받는 '대화작용'을 하는데 '육기'는 이 '대화작용'에 더하여 '자화작용(自化作用)'을 한다. 이 '자화작용(自化作用)'이 바로 4개가 된 토의 도움을 받아 일어난다. '토'는 상황 또는 사물을 조정, 조절하는 능력을 말하는 것으로 이것이 4개로 늘어나니 인간의 자율성, 또는 선택의 여지가 다른 생명과는 비교할 수 없을 정도로 늘어나게 되는 것이다.

예를 들어 식물을 보면, 갑자기 예상치 못한 상황이 닥치면, 즉 갑자기 폭염 또는 혹한이 닥치면 피하지 못하고 타죽거나 얼어 죽을 수밖에 없지만, 인간은 피하든, 참든 아니면 도구를 이용해 상황을 모면하든 다양한 선택을 할 수 있는데 이런 원리를 이 4개의 토를 이용해 설명한다.

그러나 인간이 '자화작용' 혹은 '자유의지'를 갖는다는 것은 좋은 일이라고만 할 수 없는 것이, 이것은 불규칙한 상황의 산물이기 때문이다. 예를 들어 어떤 사람이 농부의 아들로 태어나 다시 농부가 되었다고 할 때, 기후도 큰 변화가 없고 농산물도 값도 항상 일정하고, 농사 정책도 변화가 없어 그저 농사에만 전념하면 되는 삶을 살 수 있다면 그에게 어떤 선택의 여지, 즉 자신의 의지를 발휘해야 할 상황이 자주 발생할 리가 없다.

그러나 기후변화가 닥쳐오고 농산물값은 항상 널뛰기하고, 외국에서 농산물을 수입한다든지 하는 식으로 농사 정책도 수시로 바뀐다면 그는 살아남기 위해 어떤 선택을 해야 하는 상황에 자주 처하게 될 것이다.

한동석 선생은 자유(自由)에 관해 이야기하면서 이것을 '아무런 방해도 받지 않으며, 또한 방해가 있더라도 이것을 능히 화해(和解, 조화롭게 해결함)하면서 나아갈 수 있는 힘'이라 정의하고 있는데, 이것이 바로 '자화작용'의 원리이다.

이 4개의 토의 작용을 정식으로는 '토화작용(土化作用)'이라고 부르는데 이것의 궁극적인 예시는 바로 인간과 영혼(靈魂)의 관계를 보면 된다.

'영혼'은 과연 있는지 없는지 같은 의문이 아직도 풀리지 않는 수수께끼처럼 남아있지만, 사실 이는 '기감(氣感, 기에 대한 감각)'을 지닌 사람에게는 싱거운 질문이다. 왜냐하면 영혼이라는 것이 바로 '기'로 이루어져 있기 때문이다.

앞서도 인간이 늙거나, 병들거나 아니면 큰 사고로 충격을 받아 육체가 더 이상 몸에 흐르는 기의 운행을 감당할 수 없으면 그 '기'는 육체를 떠난다고 하였다. 그것이 죽음이고 그 '육체를 떠난 기'를 영혼이라 부르는 것이다. 그래서 기감이 충분히 발달하면 영혼의 존재를 느낄 수 있다. 이것은 신들린 무당이 느끼는 것과는 차원이 다른 것이다.

결국 영혼의 실체는 내 몸이 행했던 모든 것의 자취, 즉 기억(記憶)이며 이를 불교에서는 업(業, karma)이라 하며 단순히 기억으로 끝나는 것이 아니라, 내가 끝까지 책임져야 하는 내 행동의 모든 기록(記錄)이 되는 것이다.

그리고 또 불교에서는 이 영혼이 윤회(輪回)한다고 가르친다. 인간은 업보(業報) 즉 영혼의 기록을 따라 인간, 축생(짐승), 아귀(餓鬼, 배고픈 귀신) 등으로 다시 태어나는데 그중에서도 인도환생(人道還生) 즉 사람으로 다시 태어나는 것을 가장 큰 복으로 여기며 그것은 인간으로 태어나야 불법을 깨우칠 수 있기 때문이라고 한다.

이것을 오운육기론의 관점에서 살펴보면 다음과 같다.

인간이 지구라는 '육기'가 운행하는 환경에서 '자화작용'을 할 수 있다는 것은 글자 그대로 인간은 '무언가를 할 수 있다'라는 뜻이다. 반면에 인간의 육체를 떠난 영혼은 더 이상 '육기'의 영향을 받지 않는, 오직 '오운' 속성의 움직임만 할 수 있다. 즉 '대화작용'만 할 수 있다는 뜻이다.

영혼은 육체를 가진 인간의 털끝 하나 건드릴 수 없다. 왜냐하면 아무것도 할 수 없기 때문이다. 영혼을 느낀다는 것은, 그 '기의 움직임'과 영혼에 남아있는 기억, 그 영혼이 살아있을 때 간직했던 감정에 공감(共感)할 뿐인 것이다.

물론 인간이 아닌 존재의 감정을 공감한다는 것은, 다분히 소름끼치는 경험인 것은 맞지만, 그뿐이다. 지레 겁먹지 말고 단단히 마음먹으면 영혼은 아무것도 하지 못한다.

모든 것은 오직 육체를 지닌 인간만이 할 수 있다. 그래서 '영혼'이 다시 한번 인간이 될 기회를 얻고자 하는 것이 바로 '윤회'인 것이다.

윤회를 하지 않은 영혼은 점차 그 '기'의 힘이 다하여 그저 연기와 같이 흩어진다. 그 기한을 대략 100년을 보는데 유교에서 제사를 4대까지만 지내는 것이 이런 까닭이다.

임사체험(臨死體驗), 즉 죽을뻔했다가 살아난 사람들이 이구동성으로 죽음이 임박한 상황에서 과거의 기억이 파노라마처럼 펼쳐진다고 증언하는 이유도 '육기'의 영향을 벗어난 상태에서 그동안 여러 가지 이유로 통제되던 기억이 일시에 해제되는 현상이고, 영혼은 그 기억의 집합체이므로 평생의 모든 기억 전체가 실시간으로 생중계되는 그 상태가, 죽을 뻔한 그 상황에서만 일어나는 것이 아니라, 항상 그 상태에 있게 된다.

영혼은 살아서 느꼈던 모든 감정을 그대로 유지할 수밖에 없으므로 만약 누구에겐가 억울한 일을 당해 그것이 마음에 사무쳤다면 그 대상 주변을 떠돌게 될 것이고, 그래서 영혼에 관한 이야기가 복수극 형태를 띠는 경우가 많은 것이다. 그런 감정이 적은 '영혼'은 인간의 삶에 개입하려는 의지도 적을 것이기 때문이다.

죽음을 도피처로 삼아 스스로 생을 끝내려는 것은 너무나 어리석은 짓이다. 어떻게든 살아서 변화를 만들어야 한다. 인간이 아니면 그 변화를 절대 만들 수가 없다. 다시 말하지만 오직 인간만이, 인간의 형태를 지닌 존재만이 행동할 수 있고 어떤 상태를 '변화'시킬 수 있다.

'개똥밭에 굴러도 이승이 좋다.'라는 속담처럼 인간으로 태어난 것은 엄청난 행운이며 기회이다. 그래서 이렇게 '숨 쉬는 법'도 배워서 자신의 정체를 알고, 그 중첩 상태에 있는 '모든 것'을 현실로 만들 수 있는, 오직 인간만이 가진 능력을 유감없이 발휘해야 한다.

오운육기론

이제 우리의 여정도 끝이 다가오고 있다. 이름조차 생소한 동양학의 각종 개념과 그 이치를 배우느라 매우 힘들었겠지만, 애쓴 만큼 보람 있는 과정이 되었기를 바란다.

이번에는 오운육기론을, 세부적인 개념에서 벗어나 큰 틀에서 바라보려고 한다.

이상(理想)과 현실(現實), 이성(理性)과 감성(感性), 인간의 정신세계를 탐구하면서 누구나 마주하게 되는 여러 개념이다. 이렇게 인간은 상대적인 두 가지 감정을 오가며 그 안에서 갈등하고 선택해야 하는 상황을 마주한다.

이러한 인간 정신세계의 이중구조가 바로 오운육기에서 비롯된 것이다. '오운'은 대화작용만 하므로 우주로 상징되는 순수의 세계에 머물 수 있고, '육기'는 자화작용을 하므로 자화작용이 가능한 지구 또는 육체라는 근거지가 반드시 필요한데, 그로 인한 온갖 부작용과 모순을 감내해야 한다.

하지만 자화작용을 할 수 있다는 것은, 이 거대한 우주에서도 정말 극소수의 생명체에만 주어진 특권이므로 그 모든 악조건에도 불구하고 '영혼'은 꼭 인간으로 태어나기를 바라고 또 바라는 것이다.

그다음은 기울어져 공전하고 자전하는 지구, 그 비대칭이 결국 '오운'이 '육기'로 변화하는 상황을 초래하게 되면서 벌어지는 이야기이다. 앞서도 '오운'이 지구에 치우쳐서 도달하는 바람에 하급의 인물들이 지도자를 맡는 부조리한 현실이 벌어진다는 예를 들었지만 이를 통틀어 인과율(因果律, causality)의 문제로 설명할 수 있다.

쉽게 예를 들어보자.

A의 경우 - 성실하게 노력하면, 성공한다.

B의 경우 - 성실하게 노력하지 않으면, 성공하지 못한다.

C의 경우 - 성실하게 노력했으나 성공하지 못했다.

D의 경우 - 성실하게 노력하지 않았으나 성공했다.

A와 B의 경우는 우리가 어렵지 않게 이해할 수 있는 상황이다. 아마 대부분은 이에 해당할 것이다. 그러나 우리는 경험적으로 C와 D의 경우도 심심치 않게 일어난다는 것을 잘 알고 있다. 이와

같이 인과율에서 벗어나는 경우가 많아지면 정말로 큰 문제가 발생한다.

빈부의 격차, 선진국과 후진국의 격차, 기울어진 운동장 등등 다양한 표현으로 묘사되지만, 그 결론은 하나다. 어디는 들인 노력에 비해 너무 많은 결과를 가져가고, 어디는 들인 노력에 비해 보잘것없는 결과만을 손에 쥘 뿐이다. 이런 문제를 해결해 보겠다고 공산주의라는 것도 나오고 별의별 사상들이 나타났지만, 그 결과는 지금 우리가 눈으로 보고 있는 이 세상이다.

이것이 오운육기의 탓이라는 말이 아니라, 이런 형태로 발전할 수밖에 없는 지구와 인간의 운명을 오운육기가 설명해주고 있다는 말이다. 인간은 자화작용을 할 수 있다고 하지 않았는가.

인간은 스스로의 지혜로 이것을 극복할 능력을 분명히 가지고 있는 존재이나, 결과는 보는 그대로다. 그러면 이런 상황이 영원히 계속될까?

아니다. 이제, 언제인지는 모르지만, 우주에 '음'의 시간, 수렴의 시간대가 열리면 상황은 정리되고, 인과율이 원래의 그 정의(定意)대로 원인에 따른 결과만이 발생하는 상태로 전환된다. 시간의 흐름이 '음'으로 전환되면, 그 첫 단계는 '평가(平價)'라고 하였다. 그런 우주의 마음을 의(義), 즉 정의(正義)라고 하였다. 세상의 많은 종교에서 심판(審判)을 이야기하는 것이 괜히 그런 것이 아니다.

사람은 밤이 되어 이불을 덮고 자려는 순간, 오늘 하루를 뒤돌아보면서 특히 만족스러웠거나 아쉬웠던 자기 행동을 떠올리면서 즐거워하거나 아쉬워한다. 정말 놀랍게도 사람에게는 항상 그런 시간이 찾아온다. 이것이 음의 시간, 수렴의 시간이다.

너무나 일상적인 것이라 그 의미를 깊이 있게 생각해 보지 않았을 뿐이지 인간은 하루에서도 일기를 쓰든 생각하든 하루를 평가하고 그것을 삶의 지혜로 만들려고 노력한다.

그것은 이 우주 안에 존재하는 생명체가 우주가 존재하는 모습을 그대로 따라 하려는 본성과도 같은 것이다. 그런 이치대로, 하루에서도 그런 일이 벌어지는데 어떻게 이 우주에서 그런 일이 없을 수 있겠는가.

지금은 인과율에 문제가 있는 시기일 뿐이니, 약삭빠르게 시류에 편승하며 잔재주를 부리는 행동은 절대 삼가야 한다. 그것은 절대로 자기 자신과 남들의 평가를 통과하지 못한다.

괜히 세상의 모든 현자가 착하게 살고, 남에게 해로운 일을 하지

말라고 가르치는 것이 아니다. 이 세상에, 기준이 될 만한 것이 점차 사라지고, 나쁜 짓 하고도 잘만 살아가는 사람도 많은데 나만 바보처럼 착하게 살 필요가 있을까 하고 흔들리는 것이 충분히 이해되지만, 이런 동양의 가르침을 믿고 조금 손해를 보더라도 정직하게 살아야 한다.

금화교역金火交易 - 인간이란 무엇인가

이제 이 책의 결말에 도달하였다. 동양학에서 인간을 어떻게 보고 있는가를 그동안 계속 설명해 왔지만 '금화교역(金火交易)'은 인간을 이해하는 데 절대 빠뜨릴 수 없는 가르침이다.

그러나 두 가지 정도 사전지식이 필요하므로 그것을 먼저 언급하도록 하자.

첫째는 동양에서 사물을 보는 독특한 방식이다. 어떤 관찰하고자 하는 대상이 있을 때 동양의 성현들은 단지 그 대상의 현재 모습에만 주목하지 말고, 대상이 유래된 시작부터 그 흐름 전체를 보아야 한다고 가르친다.

하나의 예를 들어보자. 동지(冬至)는 12월 하순 일 년 중 밤이 가장 긴 날이다. 그런데 이날을 동양에서는 '일양시생(一陽始生)' 즉 양기운이 새로 시작되는 날이라 말한다. 실제 양기운을 사람이 느끼려면 적어도 봄은 되어야 하지만, 그 모든 출발점은 밤이 가장 길어서 이제부터 낮이 점점 길어지는 '동지'로 본다는 말이다.

입춘(立春)도 마찬가지이다. 입춘은 2월 초순이라 봄을 느끼기에는 아직 먼 것 같은데 이제 봄이 시작된다고 말한다. 그리고 진짜 봄은 춘분(春分)이 되는 3월 하순이 되어야 찾아온다.

어떤 어린이가 있다. 그 어린이가 어느 날 TV를 보다가 생각한다. "아, 나도 저렇게 TV에 나오고 싶어." 그 순간 그저 어린이였던 즉 '갑목(甲木)'의 상태에 있던 한 인간이, 동경의 대상인 '기토(己土)'의 대화작용을 받아 꿈을 간직한 존재, 즉 '갑토(甲土)'로 바뀌어 움직이기 시작한다. 그 어린이가 꿈을 이루었든 이루지 못했든, 그 시작은 대화작용이 일어난 그 순간이다.

이렇게 동양의 가르침은 어떤 하나의 기운이 어떤 과정을 거쳐 시작하고, 어떤 과정을 통해 그 꿈을 실현해 가는지 전 과정을 하나의 흐름으로 관찰한다. 지금이 어느 단계이고 어떤 대화작용이 필요하며, 어떤 자화작용을 하게 될지 판단해 보려고 하는 것이다.

그런 과정을 통해 단지 사물의 겉모습에 머물지 않고 그 속까지 깊이 있게 이해하여 세상의 흐름을 알려고 한다.

두 번째는 이 모든 동양의 학문이 어떻게 시작되었는가 하는 부분이다.

동양학의 시조(始祖)로, 모든 학자는 태호복희(太昊伏羲)씨라고 하는 전설의 인물을 지목한다. 태호복희씨는 문자 기록이 존재하기 전, 너무나 오래전의 인물이라 정확한 사실을 파악하기는 어렵다. 인두사신(人頭蛇身), 사람의 얼굴에 뱀의 몸을 하였다고 하거나 '풍이족(風夷族)' 출신이라 하여 동이족의 일원이라 하는 기록도 있다.

그 복희씨가 황하에서 치수사업을 하다 홀연히 나타난 용마(龍馬)의 등에 독특한 문양이 있는 것을 보고, 그것을 그려서 후대에 전한 것이 바로 '하도(河圖)'이다. 복희씨는 하도의 문양을 연구하여 이것이 바로 우주의 변화 원리를 나타내는 것임을 깨닫고, 수(數)나 상징(象徵)에 익숙지 못한 사람에게 그 원리를 쉽게(?) 전하기 위해 팔괘(八卦, 이를 복희팔괘라고 한다)를 그려 후대에 남겼다.

이후 다시 치수사업을 성공적으로 완수하여 왕이 된 우(禹) 임금이 신묘한 거북이(神龜)의 등에 있는 문양을 기록한 '낙서(洛書)'

를 내놓아 동양학의 큰 틀이 완성된다.

하도와 낙서는 이후 황제내경과 더불어 음양오행의 학문적 방향을 이끄는 토대가 되고, 팔괘의 가르침은 주나라를 연 문왕(文王)에 이르러 낙서(洛書)를 기반으로 한 또 다른 팔괘, 즉 '문왕팔괘(文王八卦)'와 주역 64괘의 효를 해설한 효사(爻辭)를 모아 주역(周易)으로 완성된다.

이렇게 동양의 학문은 음양오행을 기반으로 하는 흐름과 유가(儒家)로 대변되는 주역을 중심으로 하는 흐름으로 양분되어 발전한다.

이 두 흐름의 결정적 차이는, 오행은 목화토금수 다섯 개의 상징이 말해주듯 5라는 숫자 위주로 사물을 설명하는데, 주역은 팔괘에서 보듯이 2, 4, 8로 이어지는 숫자를 주로 이용한다는 점이다.

오행의 개념도 원래는 동서남북 목화금수 4개의 상징과 중앙의 토를 이용하여 팔괘와 비슷한 길을 걸었으나 어느 순간 과감히 중앙의 토를 현상계에 배치하여 논리를 전개하기 시작하였다. 이는 마치 아라비아 숫자에서 '0'이 등장한 것과 비슷한 효과를 낳았다. '토'는 원래 중앙에서 목화금수를 조율하는 실체가 없는 개념이지만 이것을 마치 '0'처럼 현상계에 적용하니 사람들이 훨씬 이해하기 쉬웠다.

반면 유가(儒家)는 사상(四象), 팔괘(八卦)의 중앙 빈 곳에 있는 조화(調和)의 기운을 태극, 중용 등으로 개념화하여 설명하면서 거기에 지고지순한 가치를 부여하여 일반 사람이 감히 접근할 수 없는, 학문이 깊은 유학자나 알 수 있는 것으로 만들어 버리니 점점 그들만의 학문이 되고 만다.

이제 이 정도의 배경지식을 갖고 본격적으로 금화교역에 대하여 알아보기로 하자.

하도(河圖)를 보면 아래 북방(北方)에 숫자 1, 6이 있으며 이것이 '수(水)'를 상징한다. 참고로 동양학은 북방을 아래 남방을 위에 배치한다. 같은 식으로 동방에 숫자 3, 8 목(木), 남방에 숫자 2, 7 화(火), 서방에 숫자 4, 9 금(金) 그리고 중앙에 숫자 5, 10 토(土)가 있다.

반면에 낙서(洛書)는 약간 비스듬하긴 한데 북방에 1, 6 동방에 3, 8 그리고 중앙에 5가 있는 것은 하도와 유사한데, 남방에 4, 9 서방에 2, 7이 있는 것이 다르다.

이렇게 하도와 비교해서 낙서의 금(金)과 화(火)의 위치가 바뀌었다고 해서 금화교역, 즉 금화를 서로 바꾸었다고 부른다.

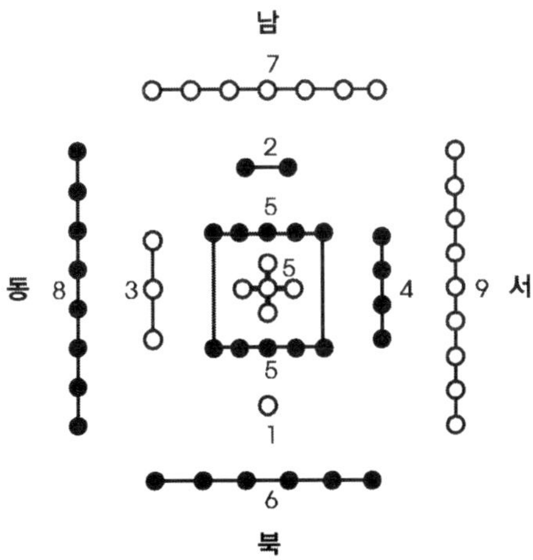

하 도

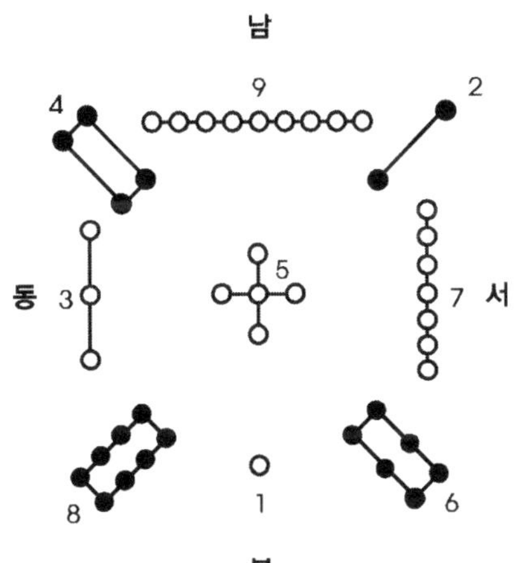

낙 서

언뜻 들으면 싱겁기 그지없는 이 작은 차이가 어떤 의미를 갖는지 알아보자.

일단 '화'로 상징되는 한창 불처럼 활동적인 시기, 즉 남방의 시간대에 수렴을 상징하는 '금'이 자리하고 있는 것은, 사물의 변화는 이미 '이때부터 수렴을 준비'한다는 의미이다. 앞서 설명한 '동지'처럼 이때부터 벌써 수렴을 염두에 두고 있어야 한다는 의미이다.

어떤 사람이 사업을 시작했는데 그런대로 판매가 잘되고 있다. 그러나 사업의 목적은 이윤이므로 최종 결산을 하기까지 안심해서는 안 된다. 단순히 물건만 잘 팔린다고 다 되는 것이 아니다. 각종 부대비용을 세심하게 관리해야 엉뚱한 곳에서 비용이 발생하여 이윤을 다 까먹는 일이 없을 것이다. 한창 제조와 판매에 몰두해야 하는 상황에서도 이런 이윤을 염두에 둔 관리가 꼭 필요하다는 것은 상식에 가깝다.

지혜로운 농부는 여름에 벌써 가을을 대비하는 법이다. 이것이 바로 낙서에서 '화'의 자리에 '금'이 와있는 이유이다.

그러면 '금'의 자리에 '화'가 배치된 것은 무슨 까닭일까. 이것은 수렴의 시기가 되었다고 해서 수렴만 하는 것이 아니라, '새로운 시작' 즉 새로운 '불'을 준비한다는 의미이다. 모든 생명체는 자신의 생애 주기의 후반기에 도달하면 새로운 생명을 준비한다. 쉽게 말해 '새끼'를 낳는다는 것이다. 너무 당연하고 너무 상식적이라 이게 무슨 대단한 일일까 하겠지만 이런 행위가 없다면 당연히 생명의 연속성이 끊긴다.

생명이 존재하기 위하여 어떤 내면의 과정이 필요한지 보여주는 것이 바로 이 '하도'와 '낙서'의 금화교역이다. 겉으로 드러난 변화의 내면에서 어떤 일이 일어나고 있는지 살피는, 동양 학문의 방법론이 이때부터 제시된 것이라 할 수 있다.

이렇게 금화교역의 기본적인 의미를 살펴보았다.

그러면 이런 이치는 궁극적으로 무슨 의미를 담고 있을까.

하도의 그림을 자세히 살펴보자. 흰 돌(이것은 '양'을 상징)의 궤적만 보면 북방의 1에서 동방의 3 남방의 7을 거쳐 서방의 9로 향한다. 반대로 검은 돌(이것은 '음'을 상징)의 궤적을 보면 남방의 2에서 시작하여 서방의 4 북방의 6을 거쳐 동방의 8로 향한다.

처음의 1과 3은 그림의 안쪽에, 즉 1은 6의 안쪽에, 3은 8의 안쪽에 있었지만 7과 9는 바깥쪽에 있다. 무언가 안에 있던 것이 밖으로 표출되는 모양새다. 마찬가지로 2와 4도 안쪽에 있었지만 6과 8은 바깥쪽에 있다.

안쪽에 있다는 것은 사람으로 치면 생각, 꿈, 의도와 같은 것이고 바깥쪽에 있다는 것은 그 생각, 꿈, 의도를 실현한 상태로 비유된다.

남방에 와 있는 '금'은 네가 생각하고, 꿈꾸고, 의도했던 것을 반드시 이루라는 격려이자 도움의 손길이다. 그것이 없으면 현실화되지 못하고 그저 꿈으로 머물게 된다.

자신이 꿈꾸었던 것을 가장 많이, 가장 크게 실현시키는 존재, 그것은 인간은 아니고 바로 우주이다. 계속 되풀이해서 말하지 않았는가. 우주는 중첩 상태로 존재하는 '모든 것'에게 '모든 기회'를 준다고. 그런 모습을 인격화하면 서양에서 말하는 신(神)과 같은 것이 될 것이다.

그러나 동양학에는 그런 '신(神)'과 같은 개념은 없다. 오직 오운과 육기로 대변되는 우주가 있을 뿐이다. 그리고 우주에 비해 한참 못 미치지만 그래도 자신의 의지를 현실화시킬 수 있는 존재, 그것이 바로 인간이다.

우주는 그래도 자신과 가장 비슷한 존재, 소위 '소우주(小宇宙)'인 인간에게 바로 창조의 능력을 주었다. 인간은 무형의 정신을 유형의 사물이나 질서로 만드는 창조의 능력자다. 인간이 자신의 '성

(性)'을 알고, 자기 능력을 깨닫고, 성실한 노력을 들이면 모든 것을 만들어낼 수 있다.

'하도'와 '낙서'의 금화교역은 "이렇게 순리대로 하면 반드시 이룰 수 있다"라고 우주가 인간에게 보여주는 약속의 징표이다.

맺는말

이제 맺는말을 읽는 여러분은 '숨 쉬는 법'을 통해 '동공(動功)'에 대한 체험이 있었기를 바란다. 물론 기존의 명상, 수행법도 도움이 되는 것은 맞지만 '동공'은 완전히 새로운 세계이며, 그것은 여러분을 새로운 삶으로 인도할 것이다.

동공이 몸에 익으면 걸어 다니면서도 머리끝에서 발끝까지 호흡을 할 수 있고, 그때는 반드시 그 호흡이 척추를 통과해서 이루어지도록 해야 한다.

인생의 목적을 깨달음으로 두고 있는 사람도 있지만, 적어도 이 책에서 수행은 목적이 아니라 수단일 뿐이다. 수행의 목적을 담담하게 표현하자면 머릿속을 맑게 하는 것이다. 옛사람들은 '머릿속에 맑은 보름달이 뜬 듯하다'라고 표현했다. 수행은 생각을 맑고 밝게 하는 데 많은 도움을 준다. 그리고 맑고 밝은 생각을 지닌다는 것은 겪은 사람만 아는 일이지만, 인간으로 태어나서 한 번 그런 체험을 해보는 것도 좋은 일이다.

맑고 밝은 생각은 살아가면서 겪을 많은 유혹에 쉬이 빠지지 않도록 도울 수 있고, 그런 행동이 반복되면 '나다운 삶'을 살 수 있게 된다. 그러니까 이 책은 무엇이 좋고 어떻게 살아야 한다는 식의 가르침보다는 나만의 고유한 '해답을 찾는 방법'을 제시하려는 것이고 또 어떤 원리로 그런 일이 일어나는 것인지 알려주고자 하는 것이다.

감히 필자가 말하건대 동양의 가르침은 '어떤 특별한 진리'를 제시하려는 것이 아니다. 각각의 사람들이 자기가 타고 태어난 바로 그 바탕을 깨닫고, 그 바탕을 디딤돌 삼아, 살면서 마주하게 되는 다양한 선택의 갈림길에서 현명하게 판단할 수 있도록 돕는 것이다. 그렇게 모인 현명한 선택은 인류의 지혜가 되고, 유산이 되어 후손들에게 등불이 되어 줄 테니까.

그러니까 동양의 가르침은 '평범한 기준'을 제시할 뿐이다. '상식'을 갖춘 사람이 늘어나서 원활한 소통이 가능한 사회, 그것이 '예(禮)'의 진정한 의미임을 앞서 설명한 바 있다.

그러나 현재의 인류는 꼭 그렇게 바람직한 길만을 걷지는 않았던 것 같다. 심지어 유학(儒學)도 원래 그런 가르침을 갖고 있으면서도 그들만의 학문으로 변해가지 않았는가.

인류의 역사에 대해 그다지 잘 알지 못한다고 하더라도 인류사의

초창기에는 하늘이 내려준 재능을 지닌 소수의 선각자가 나머지 어리석은 사람들을 이끄는 구조였다는 정도는 알 수 있다.

그리고 시간이 흐름에 따라 소수에게 집중되어 있던 권력이 점차 다수의 사람에게 나누어지는 과정을 밟고 있다는 것도 그리 어렵지 않게 알 수 있다.

이제 온갖 문명 특히 정보 통신의 발달로, 지금의 인간은 마음만 먹으면 어떤 지식이든 알 수 있고 가져다 쓸 수 있는 시대가 되었다. 그러나 문제는 지식이 없어서가 아니라 확신(確信), 즉 믿음이 없어서 발생한다.

무엇이 진짜인지 자신 있게 판단할 기준이 없다는 것이 진짜 문제인 것이다.

이제 모든 사람 하나하나가 주인공이 되어야 하는 시대가 오고 있다. 예전에 권력이라 부르던 것이 모든 사회 구성원에게 공평히 제공되는, 그런 시대가 와야만 하고 또 분명히 올 것이다.

그러나 그런 시대가 온다고 누구나 주인공을 시켜주지는 않는다.

오직 준비된 자에게만 그런 기회가 올 것이다.

수행이란 우주와 소통하는 예법이다.

예를 갖추면 원활한 소통이 이루어질 것이고, 무례하면 소통은 이루어지지 않는다.

이제 '숨 쉬는 법'과 '동공'을 잘 익혀 시대의 조류를 앞서나가는 사람이 되기를 진심으로 바란다.

을사년(2025년) 겨울

김구연